Hoffnungsziel Israel

Deutsche im Heiligen Land

Hoffnungsziel ISRAEL

Ein Reiseführer
zu den wichtigsten Orten

Nurit Carmel
Stephan Reimers

Ellert & Richter Verlag

Inhalt

Vorworte

Stephan Reimers

Es ist die verwirrende Vielfalt der Eindrücke, die aus Israel abreisende Besucher in der Regel den Vorsatz fassen lässt, zu wenigstens einer zweiten Reise in dieses Land zurückzukehren. Sie sind noch erfüllt von dem hellen Sonnenlicht und der Wärme, die sie an den Ufern von drei Meeren genießen konnten, dem Mittelmeer, dem Roten Meer und dem Toten Meer. Vor allem aber haben die hier lebenden Menschen sie fasziniert: Juden aus mehr als hundert Herkunftsländern, muslimische und christliche Araber, Drusen und Beduinen. Aufgeschlossene und diskussionsbereite Menschen, die mit Leidenschaft für ihren je eigenen Standpunkt werben. Der große, ungelöste Konflikt zwischen Israelis und Palästinensern, mit dem Deutschland und die Deutschen untrennbar verknüpft sind, ist allgegenwärtig.

Von Jerusalem bleibt auch die Erinnerung an die Gerüche des Orients in dem Gewirr der Basargassen, die geschäftstüchtigen Andenkenverkäufer, die Muezzin-Rufe von den Minaretten, das Gedränge vor dem Eingang zur Grabeskirche und das zielstrebige Eilen frommer Juden zur Westmauer des Tempelbergs, dem Ort des Gebets – dieser einzigartige Zusammenklang der Weltreligionen Judentum, Christentum und Islam auf engstem Raum.

Dabei sind die meisten der Sehenswürdigkeiten leicht zu erreichen, über Autobahnen oder gut ausgebaute Fernstraßen. In Israel begegnet man dem Orient, ohne europäische Standards zu vermissen. Wie in einem Jahrhundert aus einer verödeten Provinz des Osmanischen Reichs ein moderner Staat entstand, davon will dieses Buch berichten. Der Anteil, den aus Deutschland stammende Juden und Christen daran hatten und haben, steht dabei im Vordergrund.

Auf den Weg machten sich Landwirte und Architekten, Diakonissinnen und Rabbiner, Künstlerinnen und Pädagogen. Ihre Ziele und Gefühle waren höchst unterschiedlich, aber für alle war Israel Hoffnungsziel.

Das galt auch für die Familie Buchmann, die in der Berliner Markgrafenstraße nahe dem Gendarmenmarkt ein Textilgeschäft betrieb. Ende 1938 gelang ihr im letzten Augenblick die Ausreise nach Palästina. Ihr Sohn Alexander war damals sieben Jahre alt. Unter dem Namen Alex Carmel wurde er später ein bekannter israelischer Historiker. Die Geschichte Palästinas im 19. Jahrhundert wurde sein Lebensthema, dem er ab 1968 als Dozent und später als Lehrstuhlinhaber der Universität Haifa seinen Spürsinn und seinen Ideenreichtum widmete. Anfang der 1980er Jahre lud ich ihn zu einem Vortrag in die Evangelische Akademie Hamburg ein und war spontan begeistert, mit welcher Erzählfreude und köstlichem Humor er seine Forschungsergebnisse darzustellen wusste.

Von seinen historischen Vorträgen und Büchern und aus persönlichen Gesprächen mit ihm und seiner Frau Sara habe ich viel gelernt, was ich durch dieses Buch mit anderen teilen möchte. Die Freundschaft unserer Familien, die aus vielen Begegnungen und Besuchen entstand, ist über seinen Tod im Jahr 2002 hinaus bis heute lebendig. So war es eine große Freude für mich, diesen Reiseführer mit seiner Tochter Nurit Carmel schreiben zu können. Dankbar bin ich meinem Sohn Johannes, dass er uns durch Recherchen und beim Finden der Abbildungen unterstützte. Gefreut haben Nurit und ich uns auch über die Ratschläge von Jakob Eisler, dem früheren Assistenten von Alex Carmel.

Alex Carmel strebte wie Martin Buber (siehe S. 67) und die Mehrzahl der aus dem deutschen Sprachraum stammenden Israelis (ab S. 158) nach einem politischen Ausgleich und Kooperation mit der arabischen Seite. An der Universität Haifa gehörte er 1972 zu den Gründern des Jüdisch-Arabischen Zentrums, dessen Ziel die Förderung arabischer Studenten durch Sprachkurse, Beratung und Stipendien ist. Inzwischen sind fast die Hälfte der Studierenden dort arabische Israelis.

Nurit Carmel

Mein Vater war noch ein Kind, als er mit seiner Familie von Berlin nach Haifa fliehen musste. Hier fand er einen sicheren Hafen, der zu seiner neuen Heimat wurde. Einige Jahre später wählte er, um seine neue Existenz zu definieren, für sich den Namen seines geliebten und immergrünen Berges, auf dem er nun lebte: Carmel. Die Erforschung der Geschichte seiner neuen Heimatstadt und die mit ihr verbundene Entwicklung Palästinas – im 19. Jahrhundert hauptsächlich vorangetrieben durch europäische Christen – wurde zu seinem wissenschaftlichen Lebensthema.

Gleichzeitig wirkte er tatkräftig für sein Credo eines friedlichen und fruchtbaren interreligiösen und interkulturellen Zusammenlebens, so wie es Theodor Herzl in seinem utopischen Roman „Altneuland“ (1902) für Haifa erträumte.

Die Idee von Stephan Reimers, Ergebnisse der Arbeit meines Vaters in der populären Form eines Reiseführers mit Besucherinnen und Besuchern Israels zu teilen, faszinierte mich. Wenn Menschen auf den Spuren seiner Erkundungen das heutige Israel entdecken, empfinde ich dies als besonders passende Form, das Erbe meines Vaters lebendig zu erhalten. Denn wenn er selbst sich Orte näher ansehen wollte, pflegte er in der ihm eigenen „Jeckes“-Sprache zu sagen, er wolle „lalechet spazieren“. Lalechet ist das hebräische Wort für gehen. Zu solch informativen Spaziergängen auf seinen Spuren will dieses Buch einladen.

Die „Deutsche Kolonie“ am Fuße des Carmelberges ist heute eine touristische Hauptattraktion Haifas. Leider fehlt ihr ein Ort, an dem Menschen mehr über geschichtliche Zusammenhänge und Hintergründe der Templersiedlung erfahren können. Gemeinsam mit Freundinnen und Freunden versuchen wir gegenwärtig, eines der ursprünglichen Templerhäuser in ein Zentrum des deutschen Kulturerbes umzuwandeln. Dort soll anschaulich werden, wie sehr der Aufbau der Stadt und die Entwicklung des Landes durch sich ergänzende und gegenseitig befruchtende Initiativen von Deutschen – deutschen Christen und deutschen Juden – vorangebracht wurde. Gern gebe ich zu diesem Projekt weitere Auskünfte[1]. Wenn die Forschungsergebnisse meines Vaters, die auch diesem Buch zugrunde liegen, weiterhin zur Festigung der Beziehungen zwischen Israelis und Deutschen beitragen, wäre dies ganz in seinem Sinne.

Einleitung

Palästina 1799–1918

Das Land zwischen Jordan und Mittelmeer, in dem heute Israelis und Palästinenser um Zukunft, Sicherheit und Frieden ringen, war bis zum Jahr 1918 seit vierhundert Jahren Teil des Osmanischen Reichs. Das einst sehr mächtige islamische Großreich galt seit dem 18. Jahrhundert in den Hauptstädten Europas zunehmend als „kranker Mann am Bosporus". Dieses Bild beschrieb die nachlassende Kraft der Zentralregierung, das riesige Reich zusammenzuhalten und von seiner Hauptstadt Istanbul, dem früheren Konstantinopel, her straff und einheitlich zu regieren. Napoleons Feldzug durch Ägypten und Palästina im Jahr 1799 verstärkte diese Einschätzung.

Lokale Machthaber beuteten die Verwaltungsbereiche zu ihren Gunsten aus. So auch in Palästina. Wo einmal sehr viel mehr Bewohner leben konnten, fristeten Anfang des 19. Jahrhunderts nur noch 200.000 Menschen ein bescheidenes Dasein. Davon waren etwa 90 Prozent arabische Muslime, die anderen arabische Christen und Juden.

> „[Zu dieser Zeit] hatte Palästina noch immer mehr verfallene Ortschaften als bewohnbare; [...] seine Verwaltungsorgane waren nicht einmal fähig, eine funktionierende Postverbindung aufrechtzuerhal-

> ten [...]. Das Land hatte keinen einzigen ordentlichen Hafen, seine Straßen waren verödet, seine Wälder abgeholzt; sein Handel war gering, seine Landwirtschaft primitiv; es gab keine moderne Industrie. Es war ein Land, in dem sich keine Wagen bewegten [...], ein Land, in dem Angriffe der Beduinen auf die sesshafte Bevölkerung und andere kriegerische Handlungen noch immer Tradition waren, in dem Überfälle auf Reisende zwar eingeschränkt, aber keineswegs ausgemerzt waren, in dem es kein Hotel gab, das diesen Namen verdient hätte, keine Zeitung und keinen studierten Arzt."[2]

Dennoch war Palästina – 1917 von englischen Truppen erobert und 1922 vom Völkerbund zum britischen Mandatsgebiet erklärt – in den vergangenen zweihundert Jahren ein Hoffnungsziel für sehr unterschiedlich geprägte Menschen: Die ersten, die sich auf den Weg machten, waren vom Evangelium begeisterte Christen und Missionare. Sie wollten an den „Tatorten" der Bibel das Wort Gottes verkünden, dort wo es einst offenbart worden war. Viele von ihnen lebten in der Naherwartung der Wiederkehr Christi. Ein Pauluswort aus dem Römerbrief empfanden sie als zeitgemäßen Auftrag: „Blindheit ist Israel zum Teil widerfahren so lange, bis die volle Zahl der Heiden zum Heil gelangt ist. Dann wird ganz Israel gerettet werden." (Röm 11,25). Nachdem inzwischen in allen Kontinenten das Evangelium von christlichen Missionaren gepredigt wurde und der halbe Erdkreis für den christlichen Glauben gewonnen war, schien ihnen die Zeit reif für die Mission der Juden. „The Restoration of the Jews" hieß das Programmwort der „London Society for Promoting Christianity Amongst the Jews", das von pietistischen Kreisen in Württemberg und der Schweiz unterstützt wurde.

Die seit 1820 von der London Society ausgesandten Missionare konnten gegen vielfältigen Widerstand erst 1833 einen festen Wohnsitz in Jerusalem finden. Das Jahr 1839 brachte dann jedoch eine Wende zugunsten der christlichen Europäer in Palästina. Damals bedrohte der erfolgreiche Aufstand des ägyptischen Gouverneurs Muhammed Ali schon die Hauptstadt Istanbul, als sich England, Österreich, Preußen und Russland – trotz ihrer sehr unterschiedlichen politischen Interessen – entschieden, dem Herrscher des Osmanischen Reiches militärische Hilfe zu leisten. Sie vertrieben die ägyptischen Truppen aus den eroberten Gebieten. Akko wurde nach drei Stunden heftigsten Beschusses am 3. November 1840 von den Engländern und Österreichern besetzt.

Als Dank für die Rettung aus höchster Not versprach Sultan Abdul Meschid (1839–1861) in einem kaiserlichen Dekret, Palästina fortan moderner und gerechter zu verwalten und Europäern einen ungehinderten und sicheren Zugang zu gewähren. Der sehr gläubige preußische König Friedrich Wilhelm IV. (1840–1858) nutzte als erster die Chance dieser Öffnung, indem er vorschlug, ein evangelisches Bistum in Jerusalem zu gründen. Das preußisch-anglikanische Bistum, das 1841 entstand, unterstützte die evangelische Mission mit großer Energie. Sehr bald wurden diakonische Einrichtungen wie Schulen, Waisenhäuser und Krankenstationen gegründet und neue Kirchen gebaut, die das Gesicht der Stadt erkennbar prägen. Die Aktivitäten der Protestanten spornten die katholische und die griechisch-orthodoxe Kirche ihrerseits zu verstärkter Präsenz in Palästina an.

Umgekehrt forderte die christliche Mission auch die jüdische Welt zu größeren Hilfsleistungen heraus. Für die verarmte jüdische Bevölkerung wurden jüdische Krankenhäuser und Schulen gegründet, um sie der Abhängigkeit von christlichen Missionaren zu entziehen. Dieser Wettbewerb der Religionen und Konfessionen ließ große Geldmengen nach Palästina fließen. Auch zog die rege Bautätigkeit in der zweiten Hälfte des 19. Jahrhunderts mit ihren neuen Verdienstmöglichkeiten viele arabische Zuwanderer an. Bis zum Jahr 1914 verdreifachte sich deren Zahl auf 600.000 Einwohner. Die Zahl der Juden stieg seit den 1880er Jahren durch die beginnende zionistische Einwanderung von 5.000 auf 100.000 Menschen an. Pogrome in Russland, für die der Dichter Leo Tolstoi öffentlich die zaristische Regierung verantwortlich machte, waren der Auslöser der ersten Einwanderungswelle. Hinzu kamen etwa 5.000 europäische Christen, darunter 3.000 Deutsche. Die meisten von ihnen waren württembergische Siedler der Tempelgesellschaft. Innerhalb eines Jahrhunderts hatte sich ein verödeter Landstrich in eine der fortschrittlichsten Provinzen des Osmanischen Reiches verwandelt.[3]

Das Siedlungswerk der Templer

Die württembergische Tempelgesellschaft steht in keinem Zusammenhang mit dem Orden der Templer, der in der Zeit der Kreuzzüge in Jerusalem gegründet wurde, sondern entstand nach der gescheiterten deutschen Revolution von 1848 aus der Vision eines Einzelnen: Im Alter von 33 Jahren war der Ludwigsburger Lehrer Christoph Hoffmann als neugewählter Abgeordneter der Nationalversammlung am 18. Mai 1848 in die Paulskirche in Frankfurt eingezogen. Kandidiert hatte er vor allem, um die Wahl des evangelischen Universitätstheologen David Friedrich Strauß zu verhindern. Dieser hatte 1835 das Buch „Leben-Jesu, kritisch bearbeitet" verfasst, in dem er als Vordenker der historisch-kritischen „Tübinger Schule" die Wundergeschichten des Neuen Testamentes als mythologische Schilderungen deutete. Aus der Sicht Hoffmanns und seiner pietistischen Freunde hatte sich Strauß damit als Gottesleugner zu erkennen gegeben. Mit der Stimmenmehrheit der Landbevölkerung wurde seine Wahl verhindert und statt seiner Christoph Hoffmann in das erste deutsche Parlament gewählt.

In der Nationalversammlung blieb Hoffmann ein Einzelgänger, der sich an den politischen Diskussionen kaum beteiligte. Die revolutionären Bestrebungen vieler Abgeordneter erschienen ihm wie ein neuer Turmbau zu Babel. In seinem damals verfassten Buch „Stimmen der Weissagung über Babel und das Volk Gottes" rief er dazu auf, ein neues Volk Gottes zu sammeln, das die verdorbene Welt heilen sollte. In Palästina müsste der Kern dieses Volkes entstehen, dem dann auch das Recht auf das Heilige Land zustehe, wenn die Herrschaft der Türken zerbrechen würde. Den Begriff „Tempel" verstand er spirituell als geistige Einheit des neuen christlichen Volkes.

Am Anfang des Krimkriegs (1853–56), nachdem zwei Provinzen des Osmanischen Reiches durch das russische Heer erobert worden waren, schien diese Aussicht nahe herbeigekommen. Hoffmann und sein Freundeskreis begannen mit der Registrierung von Kandidaten für den großen Aufbruch. Eine Hungersnot in Württemberg begünstigte damals die beginnende „Sammlung des Volkes Gottes". Doch dann zeigten sich ungeahnte Schwierigkeiten und Widerstände. Erst 1868 begann die Realisierung der Siedlungspläne mit der Gründung von zwei Kolonien in Haifa und Jaffa. 1871 kam der Standort Sarona im Gebiet des heutigen Tel Aviv hinzu. 1877 folgte die von Christoph Hoffmann leidenschaftlich angestrebte Errichtung einer Kolonie in Jerusalem. Bis 1914 entstanden noch drei weitere Siedlungen. Vor Ausbruch des Ersten Weltkriegs lebten etwa 2.200 Menschen in den sieben Templerkolonien.

Für die Entwicklung des Landes leisteten die Siedler viel. Sie führten neue landwirtschaftliche Methoden und Maschinen ein und bekämpften das Malariafieber durch die Pflanzung von Eukalyptusbäumen, die durch ihren hohen Wasserbedarf zur Trockenlegung der Sümpfe beitru-

Gemälde von Gustav Bauernfeind (1848–1904): Blühende Templerkolonie Sarona, 1898

gen. Mit Pferdekutschen, die es bis zu ihrer Ankunft noch nicht gab, eröffneten sie regelmäßige Transportverbindungen zwischen Haifa, Nazareth und Akko sowie zwischen Jaffa und Jerusalem und bauten Hotels, die europäische Standards erreichten. Die Beziehung zu den jüdischen Siedlern war am Anfang recht positiv. Die Templer sahen es als Vorteil an, gemeinsam mit ihnen eine stärkere Vertretung gegenüber der einheimischen Bevölkerung und den türkischen Behörden bilden zu können.

Entsprechend wohlwollend urteilte Prof. Dr. Otto Warburg, einer der Führer und späterer Präsident der Zionistischen Organisation, in einem 1904 erschienenen Aufsatz: „Auch landwirtschaftlich kann man sie als Pioniere betrachten: In der Einführung neuer landwirtschaftlicher Geräte, wie Mähmaschinen und Pflüge, sind sie den jüdischen Kolonien zeitlich vorangegangen, und in Bezug auf Futterbau sind sie den letzteren noch heute voraus. Mit echt schwäbischer Zähigkeit haben die Leute es verstanden, sich den orientalischen Lebensbedingungen anzupassen, ohne dabei die deutsche Nationalität – sowohl innerlich als auch äußerlich – einzubüßen. Sie haben die harten Prüfungen, welche das Fieber, durch das sie anfangs in Sarona in furchtbarer Weise dezimiert wurden, über sie gebracht hat, mannhaft ertragen.“[4] Langfristig wurden die guten Beziehungen der Anfangszeit jedoch durch das Ausmaß der jüdischen Zuwanderung belastet. Denn sie bedrohte die Perspektive der Templer, selbst einmal Erben des Heiligen Landes zu werden.

Die zionistische Bewegung

Obwohl das Wort „Zion“ an vielen Textstellen der Bibel den Jerusalemer Tempelberg als religiöses Zentrum Israels bezeichnet, entstammt der Zionismus keiner religiösen Bewegung, sondern war von Anbeginn ein politisches Programm, das im zaristischen Rußland entstand. Als im 19. Jahrhundert fremdbeherrschte Völker wie die Griechen, Italiener oder Bulgaren in Freiheitskämpfen ihre nationale Selbstbestimmung zurückgewannen, begannen sich vor allem auch Juden in Russland nach einer derartigen Perspektive zu sehnen. Im Zarenreich lebten damals sechs Millionen Juden. Die russische Regierung verweigerte den jüdischen Bürgern nicht nur die rechtliche Gleichstellung, sondern half oft dabei mit, dass sich Unzufriedenheit in der Gesellschaft in eine für die Machthaber ungefährliche Richtung entlud. So fielen den von der Regierung geduldeten Pogromen nach der Ermordung des Zaren durch anarchistische Attentäter (1881) und nach der Niederlage im Krieg gegen Japan (1905) tausende Juden zum Opfer.

Eliezer Ben-Yehuda, der Vater der neu-hebräischen Sprache, der 1858 unter dem Namen Eliezer Perelmann im heutigen Litauen geboren wurde, teilte die Hoffnungen auf eine nationale Wiedergeburt der Juden. In der Zeit seines Studiums in Paris, wo er einen für Palästina brauchbaren Beruf erlernen wollte, saß er mit zwei Freunden in einem Kaffeehaus auf dem Boulevard Montmartre und versuchte, mit ihnen erstmals eine Konversation auf Hebräisch zu führen, das sonst nur im Gottesdienst gesprochen wurde. In seinem Wörterbuch schrieb er später über diesen Augenblick: „Es war, als hätte sich der Himmel geöffnet: Ich begriff, was eine gemeinsame Sprache für eine Nation bedeutet.“[5]

Im Pogromjahr 1882 veröffentlichte der jüdische Arzt Leon Pinsker aus Odessa das Buch „Autoemanzipation! Mahnruf an seine Stammesgenossen von einem russischen Juden“. Darin stellte er die These auf, dass für das jüdische Volk eine Assimilation unmöglich sei, weil es keinen Fortschritt der Menschheit oder der Kultur gebe. „Das jüdische Volk wird nicht als gleichberechtigt anerkannt, da es keinen eigenen Boden besitzt. Der Antisemitismus ist eine seelische Erkrankung der Völker, die behoben werden kann, wenn das jüdische Volk wieder eine Nation wird.“[6] Alle Zionisten teilten die Vision eines unabhängigen jüdischen Nationalstaats, der in Palästina entstehen sollte: der alten, biblischen Heimat des Volkes Israel. Durch das Wirken des Wiener Journalisten Theodor Herzl (siehe S. 83) wurden viele Juden in Westeuropa für diese Perspektive gewonnen. Er lud 1897 Gleichgesinnte aus aller Welt zum ersten „Zionistenkongress“ nach Basel ein.

Den zwei Zuwanderungsschüben als Folge der Pogrome in Russland folgte nach dem Ersten Weltkrieg eine starke Zuwanderung aus Polen, die auch mit Wirtschaftskrisen in dem 1918 neu begründeten Staat zusammenhing. Begünstigt wurde die Aufnahme von Juden in Palästina durch die britische „Balfour Deklaration“. Am 2. November 1917, dem Tag des englischen Angriffs auf die osmanischen Truppen in Palästina, hatte der britische Außenminister Lord Balfour erklärt:

> „Seiner Majestät Regierung betrachtet die Schaffung einer nationalen Heimstätte für das jüdische Volk (home for the Jewish people) mit Wohlwol-

> len und wird die größten Anstrengungen machen, um die Erreichung dieses Ziel zu erleichtern, wobei klar verstanden werde, dass nichts getan werden soll, was die bürgerlichen und religiösen Rechte bestehender nichtjüdischer Gemeinschaften in Palästina oder die Rechte und die politische Stellung der Juden in irgendeinem anderen Land beeinträchtigen könnte."

Im Jahr 1931 lebten bereits 175.000 Juden in Palästina. Durch die nationalsozialistische Verfolgung stieg der jüdische Bevölkerungsanteil bis zum Jahr 1940 auf 464.000 Menschen an. Aus dieser Zeit stammt die bittere Frage: „Kommst Du aus Überzeugung, oder kommst Du aus Deutschland?"

Überall im Land strebten damals Baugerüste in die Höhe. 1921 bestand Tel Aviv aus 240 Häusern, 1934 lebten bereits mehr als 50.000 Menschen in der Stadt. Gebaut wurde im Stil der „Internationalen Architektur", wie Walter Gropius die erste Bauhausausstellung genannt hatte. Gut 4.000 weiße Gebäude mit flachen Dächern entstanden damals. An der „Weißen Stadt" arbeiteten siebzehn Architekten mit, die am Bauhaus in Dessau studiert hatten. Das Herz der neuen Stadt wurde der Zina-Dizengoff-Platz, der erste und einzige Bauhaus-Platz der Welt.

Etwa 1,5 Kilometer östlich des neuen Zentrums waren ein halbes Jahrhundert vorher die schmucken Häuser der Templerkolonie Sarona entstanden, deren Steildächer von einer Bautradition erzählten, die mit Schneelasten zu rechnen hatte. Es waren Welten, die sich berührten, aber nicht durchdrangen. An vielen der Templerhäuser wehten ab 1933 Hakenkreuzfahnen. Die Siedlerfamilien aus

Deutschland hingen an der Kaiserzeit. Wie viele Auslandsdeutsche träumten auch sie davon, dass der Nationalsozialismus Deutschland neuen Glanz und alte Stärke bringen würde.

Deutsch-israelische Beziehungen heute

Anlässlich des 75. Jahrestages der Befreiung des Konzentrationslagers Auschwitz hat der israelische Staatspräsident Reuven Rivlin am 29. Januar 2020 in seiner Rede vor dem Deutschen Bundestag bekannt, als junger Mensch entschieden gegen eine Normalisierung der Beziehungen zu Deutschland eingetreten zu sein:

> „Am 19. August 1965 hatte ich gegen die Entsendung des ersten deutschen Botschafters, Pauls, nach Israel demonstriert. Zuvor hatte ich an den Demonstrationen gegen das Wiedergutmachungsabkommen zwischen Israel und Deutschland teilgenommen. Ich hatte damals gegen etwas demonstriert, das ich für Defätismus hielt. Mir schien, als wollte man versuchen, die Gräuel zu vertuschen.
> Heute stehe ich hier vor Ihnen. Heute stehe ich zusammen mit Ihnen hier. Deutschland hat sich die Vergebung der Juden nicht erkauft. Die Gelder, die Zahlungen, haben dem jungen Staat Israel Leben gegeben. Tatsächlich waren es Deutschlands Annahme seiner Verantwortung für die jüdische Schoa und die öffentliche, beständige und andauernde Auseinandersetzung Deutschlands mit

seinen Verbrechen, die es möglich gemacht haben und es auch heute ermöglichen, ein neues Kapitel in unseren Beziehungen aufzuschlagen."

Ihren Beitrag an der von Staatspräsident Rivlin unterstrichenen „beständigen und andauernden Auseinandersetzung" leisten heute fast 1.000 junge Deutsche durch ihre Freiwilligenzeit in Israel täglich, indem sie in sozialen Diensten und wissenschaftlichen Einrichtungen mitarbeiten und Überlebende des Holocaust besuchen und begleiten. Bahnbrechendes für diese Arbeit leistete die Aktion Sühnezeichen. Ihr war im Jahr 1961 ein schwerer Anfang beschieden. Denn der Eichmannprozess in Jerusalem rief all die traumatischen Erinnerungen und Ängste der Verfolgungszeit neu wach. Nur wenige der damals bestehenden 275 Kibbuzim waren bereit, deutsche Freiwillige aufzunehmen. Selbst Martin Buber reagierte verhalten. Doch Schritt für Schritt öffneten sich viele Türen für die besonderen Gäste aus Deutschland, die mithelfen wollten.

Eine ehrende Anerkennung dieser Arbeit war es, dass der Jerusalemer Bürgermeister Teddy Kollek 1971 entschied, das Wohnhaus von Eliezer Ben-Yehuda, dem Wiederbegründer des Hebräischen als Alltagssprache, der „Aktion Sühnezeichen Friedensdienste" für ihre Arbeit zu übergeben. Dort ist im November 2021 das 60jährige Jubiläum dieses „beständigen und andauernden" Engagements gefeiert worden (siehe S. 72).

Jerusalem

Die dreimalheilige Stadt für Juden, Christen und Muslime wird in ihrem Zentrum – der Altstadt – von einer 12 Meter hohen Mauer geschützt. Seit der Zeit der islamischen Eroberung im 7. Jahrhundert ist ihr Verlauf unverändert geblieben. Acht Stadttore geben Zugang zu den heiligsten Stätten der drei monotheistischen Weltreligionen. Eindrucksvolle Einblicke in die verschiedenen Stadtteile gewährt der ehemalige Wachgang auf der Mauerkrone. An den Toren und anderen Stellen der Stadtmauer ermöglichen Treppen den Aufstieg: individuell oder im Rahmen einer Gruppenführung.[7]

Der Tempelberg

Im Südosten der Altstadt erheben sich auf dem Tempelberg, dem biblischen Zion, heute die islamischen Heiligtümer, der Felsendom und die Al-Aksa-Moschee. Um das Jahr 1000 v. Chr. errichtete König David an diesem Ort einen Altar für den Gott Israels, nachdem er Jerusalem erobert und zur Hauptstadt erklärt hatte. Sein Sohn Salomo erbaute dort den ersten Tempel, der dem Opferkult diente, aber auch zum geistigen Mittelpunkt des neuen Königreiches wurde. Hier wurde Kultlyrik gedichtet. Der Psalter, das „Liederbuch" des Jerusalemer Tempels, war ein bedeutender Ertrag der Arbeit von Priestern und Dichtern der neuen Hauptstadt. Damals entstanden Hymnen und Gebetstexte, die noch nach dreitausend Jahren den heutigen Menschen unmittelbar ansprechen und bewegen: „Der Herr ist mein Hirte, mir wird nichts mangeln, er weidet mich auf einer grünen Aue und führet mich zum frischen Wasser." (Ps. 23,1f) Und über den Tempelberg selbst heißt es im Psalter: „Schön ragt empor sein Gipfel, daran sich freut die ganze Welt." (Ps. 48,3)

Im Jahr 587 v. Chr. wurde der Tempel bei der Eroberung Jerusalems durch das babylonische Heer zerstört. Die tolerante Religionspolitik des Persischen Reiches ermöglichte später den Aufbau eines neuen Tempels. Doch dessen Einweihung im Jahr 515 v. Chr. löste auch Enttäuschung aus. Der Prophet Haggai gab ihr mit seiner Klage Ausdruck: „Wer ist unter euch noch übrig, der das Haus in seiner früheren Herrlichkeit gesehen hat? Und wie seht ihr es nun? Sieht es nicht wie nichts aus?" (Hag. 2,3)

König Herodes, der dem Israel benachbarten Volksstamm der Idumäer angehörte, unternahm zu Lebzeiten Jesu gewaltige Anstrengungen zur Aufwertung des zweiten Tempels. Damit wollte sich der König als legitimer Herrscher erweisen, wurde er von Zeitgenossen doch oft als „Idumäischer Sklave Roms" geschmäht. Er ließ das Plateau des zweiten Tempels um mehr als das Doppelte seiner bisherigen Fläche erweitern und durch prächtige Vorhallen schmücken. Der jüdische Historiker und Zeitzeuge Flavius Josephus hat die neue Pracht des Heiligtums im 1. Jahrhundert n. Chr. begeistert beschrieben:

> „Würdig solcher Fundamente waren die auf ihnen errichteten Bauten. Sämtliche Hallen ruhten auf 25 Ellen hohen, doppelten Säulenreihen, die aus

> Marmor von reinstem Weiß bestanden und mit Zedernholz getäfelt waren. [...] Der äußere Anblick des Tempels bot alles, was Aug und Herz entzücken konnte. Auf allen Seiten mit schweren goldenen Platten bekleidet, schimmerte er bei Sonnenaufgang im hellsten Glanz und blendete das Auge wie Sonnenstrahlen. Fremden, die nach Jerusalem pilgerten, erschien er von fern wie ein schneebedeckter Hügel; denn wo er nicht vergoldet war, leuchtete er in blendendem Weiß."[8]

Warum dieser Ort ein halbes Jahrtausend nach der Zerstörung des Tempels durch die Römer zu einer heiligen Stätte der Muslime wurde, enthüllt die 17. Sure des Korans. Im ersten Vers steht geschrieben: „Preis ihm, der bei Nacht

Der Herodianische Tempel (um 66 n. Chr.) mit äußerer Umfassungsmauer (Blick von Osten). Modell aus dem Israel Museum

seinen Diener hinweggeführt von der heiligen Moschee zu der fernen (al Aksa) Moschee." Den fernen Gebetsplatz, zu dem Mohammed wundersam entrückt wird, hat die islamische Tradition mit dem Tempelplatz von Jerusalem gleichgesetzt. Dorthin habe ihn der Engel Gabriel auf dem wundersamen Reittier Burak gebracht. Er traf dort Moses und Jesus und wurde ihr Vorbeter. Dann setzte Mohammed seinen Fuß auf den heiligen Felsen und stieg auf einem Lichtstrahl zu den Sieben Himmeln auf, um dem Allmächtigen zu begegnen und die Gebote für die Gläubigen zu empfangen. Daher gilt Jerusalem Muslimen nach Mekka und Medina als die drittheiligste Stadt der Erde.

Das jüdische Heiligtum der Altstadt ist ein Teil der westlichen Umfassungsmauer des Tempelplatzes. Nach dem gescheiterten Aufstand der Juden gegen die römische Herrschaft im 2. Jahrhundert n. Chr. verbot der siegreiche Kaiser Hadrian den Besiegten, die neue Stadt Aelia Capitolina, die er auf den Trümmerfeldern Jerusalems erbauen ließ, je zu betreten. Erst ein Jahrhundert später wurde es Juden gestattet, sich am 9. Aw, dem Tag der Zerstörung des ersten Tempels, der Westmauer des Tempelplateaus zu nähern und dort zu beten. Die Bezeichnung „Klagemauer" ist eine distanzierte Namensgebung aus der Sicht nichtjüdischer Beobachter. In hebräischer Sprache wird sie *ha-kotel ha-ma'arawi*, die westliche Mauer, genannt. In der Umgangssprache heißt sie kurz *Kotel*: Mauer. Von dem Platz vor der Westmauer führt ein Aufgang zu den Moscheen hinauf.

Das christliche Viertel der Altstadt

Das zentrale Heiligtum aller Christen weltweit ist die nahe dem Jaffator gelegene **Grabeskirche (I)**[9]. Anastasis – Auferstehung – wird sie auf Griechisch genannt, weil sie sich über Golgota, dem Ort der Kreuzigung Jesu und dem leeren Grab des Auferstandenen erhebt, dem Ursprungsort des Osterfestes. Am Karfreitag schreiten Christen aus allen Kirchen auf dem Prozessionsweg „Via Dolorosa" von der Antoniaburg (V), auf deren Gelände die Verurteilung Jesu geschah, bis zum Eingang der Grabeskirche. Innerhalb des Gebäudes muss der Besucher, der diesem Weg folgt, nach wenigen Metern auf der rechten Seite der Vorhalle fünfzehn Stufen auf einen Felsen hinaufsteigen, den „Schädelberg" – auf Hebräisch Golgota, auf Latein Kalva-

Eingang zur Grabeskirche in der Jerusalemer Altstadt. Sie steht an der überlieferten Stelle der Kreuzigung und des Grabes Jesu.

ria. Der Boden der hier befindlichen Golgotakapelle wird von dem Felsen und zwei Pfeilern getragen. Der Ort wird als jene Hügelspitze verstanden, auf der die drei Kreuze standen, von denen die Berichte der Evangelien erzählen. Die Stationen X–XIII der Via Dolorosa befinden sich alle in diesem Raum. Die XIV. Station liegt in der Mitte der Rotunde der Grabkapelle, die sich über der Grabkammer mit dem Bankgrab erhebt.

Dass man innerhalb eines Kirchengebäudes auf einer Hügelspitze stehen soll, ist überraschend und weckt Fragen, zumal es im Johannesevangelium heißt: „Denn die Stätte, wo Jesus gekreuzigt wurde, war nahe bei der Stadt" (Joh 19,20), und nicht wie die heutige Grabeskirche *inmit-*

ten der Stadt. Doch die archäologischen Befunde entkräften diesen scheinbaren Widerspruch. Die zweite Mauer aus herodianischer Zeit auf der Nordseite des antiken Jerusalems schützte ein kleineres Stadtgebiet als die heutige.[10] Das Gebiet, auf dem die Grabeskirche steht, befand sich damals außerhalb der Stadtmauer. Dort waren Gartenland und ein Steinbruch.

Auch ein sensationeller Ausgrabungsfund aus den 1970er Jahren stützt die These, dass die Kirche am geschichtlich zutreffenden Ort errichtet wurde. Im Bereich der Fundamentmauern fand man die Zeichnung eines römischen Schiffes mit eingerolltem Segel und abgesenktem Hauptmast, unter dem die lateinischen Worte „DOMINE IVIMUS" zu lesen sind. Das könnte eine Bezugnahme auf den Wallfahrtspsalm 122,1 sein: „Ins Haus des Herrn wollen wir gehen." Sind dies die ältesten Spuren christlicher Pilgerschaft zum Grab des Herrn?[11]

Die vermutlich ältesten Pilgerspuren an der Grundmauer der Grabeskirche: DOMINE IVIMUS

Eine erste frühchristliche Kirche, die an diesem Ort vermutet wird, dürfte der zweiten Zerstörung Jerusalems durch die Römer in der Zeit des Bar-Kochba-Aufstandes (132–136 n. Chr.) zum Opfer gefallen sein. In der neuen rö-

Das christliche Viertel der Jerusalemer Altstadt

mischen Stadt Aelia Capitolina, dic Kaiser Hadrian auf den Ruinenfeldern errichten ließ, entstand am Ort der heutigen Grabeskirche ein Tempel der Aphrodite. Kaiser Konstantin initiierte nach seiner Bekehrung zum christlichen Glauben den Bau einer ersten großen Basilika an der Stelle des Tempels (326–335). In den Substrukturen des konstantinischen Bauwerks wurde die eingravierte Schiffszeichnung entdeckt.

Im Jahr 1009 ließ der schiitische Fatimidenkalif Mansur al-Hakim, ein religiöser Eiferer, das Bauwerk Kaiser Konstantins jedoch bis auf die Grundmauern zerstören und befahl den zwangsweisen Übertritt von Christen und Juden zum Islam. Ihre Kirchen und Synagogen wurden abgerissen. Diese gewaltsamen Sakrilege riefen im christlichen Europa Entsetzen wach und schürten ein politisches Klima, das die Kreuzzüge geistig vorbereitete und schließlich zur Eroberung Jerusalems durch ein Kreuzfahrerheer (1099) führte.

Im Jahr 1149 wurde die heutige Grabeskirche eingeweiht, ein Kreuzfahrer-Bauwerk in romanischem Stil. Zu den Pilgerfahrten, die nun wieder möglich waren, schreibt Steven Runciman in seinem Buch über den ersten Kreuzzug:

> „Der Wunsch, ein Pilger zu sein, ist tief in der Natur des Menschen verwurzelt. Selbst dort zu stehen, wo jene einst standen, die wir verehren, und mit eigenen Augen die Stätten zu betrachten, an denen sie geboren wurden, wirkten und starben, verleiht uns ein Gefühl mystischen Zusammenhangs mit ihnen und ist handgreiflicher Ausdruck unserer Huldigung. Wenn die großen Männer der äußeren Welt schon ihre Wallfahrtsstätten haben, zu denen ihre Bewunderer von weither kommen, so wandern die Menschen noch um vieles eifriger zu den Orten, wo, wie sie glauben, das Göttliche die Erde geheiligt hat.“[12]

Wegen der immer wieder aufflackernden Streitigkeiten der Kirchen über die Besitzverhältnisse an diesem Bauwerk erließ die Regierung in Istanbul im Jahre 1852 das Gesetz des Status quo, das die zu diesem Zeitpunkt geltenden Besitzverhältnisse festschrieb. Diese Regelung hat auch der Staat Israel übernommen: Die Grabeskirche als Bauwerk gehört den Griechen, Armeniern und Lateinern; die Kopten, Syrer und Äthiopier besitzen nur einzelne Kapellen und Bereiche. Die große Rotunde, über der sich die Kuppel wölbt und in deren Mitte die Grabeskapelle steht, gehört allen Kirchen gemeinsam, ebenso der Salbungsstein.

Als sich für den osmanischen Herrscher Selim im Jahr 1516 nach einem Sieg über die Mamluken auch die Tore Jerusalems öffneten, gab es noch keine protestantischen Kirchen. Daher wurden sie auch in der Folgezeit von den Behörden des Osmanischen Reichs ignoriert. Erst die politische Wende des Jahres 1840 öffnete der Anglikanischen und der Evangelischen Kirche Preußens einen dauerhaften Zugang nach Jerusalem. Obwohl sie Nachzügler waren, gelang es ihnen, in wenigen Jahrzehnten zwei markante Kirchengebäude in exponierter Lage zu bauen: Die **Erlöserkirche (II)** im Muristanviertel und die **Christ Church (III)** gegenüber der Zitadelle am Jaffa-Tor.

„Muristan" ist ein persisches Wort, das Krankenhaus bedeutet. Der so genannte Bezirk schließt südlich an den Vorplatz der Grabeskirche an und wird von der David Street und der Christian Quarter Road begrenzt. Schon in der Frühzeit der islamischen Reiche wurde das Muristanviertel den Karolingern für eine dauerhafte Niederlassung angeboten. Kein Geringerer als der sagenumwobene Kalif Harun al Raschid machte Karl dem Großen dieses Ange-

Erlöserkirche, ältestes evangelisches Gotteshaus in Jerusalem

bot. Sein Kalkül zielte auf ein politisches Bündnis mit dem Frankenreich gegen die in Spanien herrschende Dynastie der Omajjaden ab, die mit ihm um den Anspruch auf das Kalifat rivalisierte. Die Delegation, die Karl der Große im Jahr 799 nach Bagdad entsandte, brachte dem Kaiser als freundliche Geste des Kalifen den Schlüssel der Grabeskirche mit.

Der Schlüssel symbolisierte die Übergabe der Jurisdiktion über diese Kirche an die Karolinger. Damit wurde der lateinischen Kirche Westeuropas erstmals eine Präsenz in Jerusalem eingeräumt. Südwestlich der Grabeskirche entwickelte sich ein lateinisches Zentrum mit einem nach Kaiser Karl benanntem Hospiz, einer Bibliothek und der Kirche Santa Maria Latina. Auf den Grundmauern dieser Kirche wurde ein Jahrtausend später die evangelische Erlöserkirche erbaut.

In der Zeit der Kreuzzüge war auf diesem Gelände einst ein neuer Ritterorden entstanden. Italienische Mönche hatten das zerstörte Kaiser Karl-Hospiz wiederhergerichtet und lebten in dem angrenzenden Kloster nach den Regeln der Benediktiner. In der Blütezeit des „Hospitals des Heiligen Johannes“ wurden hier bis zu 2.000 Menschen täglich beköstigt. Im Jahr 1118 erweiterten die „Johanniter“ ihren Aufgabenkreis und kümmerten sich, gekleidet in einen schwarzen Mantel mit weißem achtspitzigen Kreuz, um die militärische Sicherung der Pilgerstraßen.

Der preußische König Friedrich-Wilhelm IV., der 1841 das anglikanisch-preußische Bistum in Jerusalem initiiert hatte, begründete 1852 den „Ritterlichen Orden vom Spital zu Jerusalem“ neu[13], nunmehr als einen evangelischen Orden. Der Name des Ordens signalisierte bereits die Absicht, ihn an seinem angestammten Platz in Jerusalem anzusiedeln. Hilfreich für diesen Plan war die enge politische und militärische Zusammenarbeit Preußens mit dem Osmanischen Reich. Als Kronprinz Friedrich-Wilhelm 1869 auf seiner Reise zur Eröffnung des Suezkanals Jerusalem besuchte, erhielt er einen Teil des Muristanviertels als Geschenk.

Kaiser Wilhelm II. machte die Realisierung der Pläne Friedrich Wilhelms IV. zu seiner eigenen Sache. Nach der symbolträchtigen Wiederherstellung der Wittenberger Schlosskirche und ihrer Einweihung am Reformationstag 1892 entsandte er das Wittenberger Architektenteam um den Berliner Architekten und Bauhistoriker Friedrich Adler nach Jerusalem. Sechs Jahre später konnte am Reformationstag 1898 die Einweihung der Erlöserkirche[14] in Anwesenheit des deutschen Kaiserpaares gefeiert werden.

Der von Friedrich Adler und seinem Team realisierte Bau ist eine dreischiffige Basilika in neoromanischem Stil. Die Stimmung des Innenraums wird geprägt von großen, rau verputzten Steinquadern aus der Umgebung Jerusalems. Alle Aufmerksamkeit ist auf Altar und Predigtkanzel gerichtet: ein protestantischer Kirchenraum. Der Glockenturm der Kirche erinnert an den Turm am Eingang zur Grabeskirche, der ebenso aus der Kreuzfahrerzeit stammt wie der doppelstöckige Kreuzgang, der sich an die Südseite der Erlöserkirche anschließt. Er gehörte bereits zur Kirche Santa Maria Latina Major und ist einer der besterhaltenen Kreuzgänge Jerusalems aus dieser Epoche. Auch die Vorhalle der Erlöserkirche ist mit zwei Skulpturenzyklen geschmückt, die bereits zu der alten Kirche gehörten.

Zwischen dem Kreuzgang und der Muristan Road liegt die Propstei. Der Gebäudekomplex beherbergt heute die Auslandsgemeinde der Evangelischen Kirche Deutschlands und die Jerusalemer Gemeinde der Evangelisch-lutherischen Kirche Jordaniens. Die Gottesdienste werden am Sonntag um 9.00 Uhr in arabischer und um 10.30 Uhr in deutscher Sprache gehalten.

Die Christ Church mit ihrem Kirchenraum ohne erkennbare christliche Symbole. Auch Juden sollten sich dort wohlfühlen.

Die **Christ Church (III)** liegt der Zitadelle am Jaffator, damals Davidsburg genannt, gegenüber.[15] Sie wurde als gemeinsame Kirche für das Anglikanisch-Preußische Bistum erbaut. 1847 konnte der Bauleiter Fortschritte berichten: „Die Kirche ist von allen Seiten der Stadt aus gut sichtbar, sie ist höher als jedes andere Gebäude in der Nähe, abgesehen von der Davidsburg."[16] Die Innenausstattung der 1849 eingeweihten Kirche gab bereits einen Hinweis auf die angestrebten Ziele: Die Planer verzichteten auf die Darstellung der Kreuzigung und andere deutlich erkennbare christliche Symbole. Auch Juden sollten in diesem Kirchenraum heimisch werden können.

Das Vorschlagsrecht für die Wahl der Bischöfe des gemeinsamen Bistums alternierte. Die Anglikaner hatten den ersten Zugriff und entschieden sich für Michael Salomo Alexander, einen getauften Juden. Auch daran zeigte sich, dass sich die Anglikanische Kirche das Programm der „London Society for Promoting Christianity Amongst the Jews" zu eigen machte. Nach einem Wort aus dem Römerbrief (Röm 11,25) würde der Wiederkehr Christi die Bekehrung der Juden vorangehen. Daran wollte man mitarbeiten.

Schon seit 1833 war der dänische Missionar John Hans Nicolayson für die Londoner Gesellschaft in Jerusalem tätig. Auch der Bau der Christ Church wurde von ihm vorbereitet. Doch die Missionierung von Juden erwies sich als schwieriger als ein Kirchenbau. Als Bischof Alexander nach vier Dienstjahren starb, war das Ergebnis seiner Anstrengungen enttäuschend. Sein Nachfolger wurde auf Vorschlag der preußischen Kirche der Schweizer Samuel Gobat, ein Seminarist der Basler Mission und Missionar der Church Missionary Society. Doch er hatte mit den gleichen Schwierigkeiten wie sein Vorgänger zu kämpfen.

Welche Juden lebten damals in Jerusalem? Es waren die Frömmsten der Frommen. Sie hatten sich für ein Leben entschieden, das nur dem Studium der Tora und dem Gebet gewidmet war. Ein weltweites Kollektensystem der jüdischen Gemeinden sorgte für den Unterhalt der „Chalukkajuden". Chalukka bedeutet Verteilung. Die in der Diaspora gesammelten Gelder wurden unter den Jerusalemer Juden verteilt, weil diese in der heiligen Stadt stellvertretend Fürbitte hielten. Wer die Gemeinschaft der Beter durch den Übertritt zu einem anderen Glauben verließ, wurde ausgestoßen. Samuel Gobat schreibt in seinem ersten Jahresbericht:

> „Auf der anderen Seite sind die Schwierigkeiten für die Juden, die an Jesum glauben, und Seinen Na-

men zu bekennen wünschen, beinahe unübersteiglich, denn sie müssen nicht nur ihre mit der Muttermilch eingesogenen Vorurteile überwinden, sondern auch alle natürlichen Bande der Verwandtschaft und Freundschaft zerreißen sehen. Sie müssen von vornherein sich darauf gefasst halten, dass von dem Augenblick an, wo sie ihren Glauben an Christum offen aussprechen, die Liebe ihrer nächsten Angehörigen und Freunde sich in Verachtung und Spott und tödlichen Hass verwandelt; und obschon sie hier beinahe alle sehr arm sind, so müssen sie doch von jener Stunde an auf die Hilfe Verzicht leisten, die sie als Juden durch die Almosen ihrer Brüder nach dem Fleisch aus verschiedenen Ländern erhalten.

Und dennoch gibt es solche, deren Überzeugung von der Wahrheit, dass Jesus von Nazareth der Messias ist, sie in den Stand versetzt, alle diese Schwierigkeiten zu überwinden und zwar ohne, dass ihnen auch nur der geringste zeitliche Vorteil versprochen wird.“[17]

In seinen 33 Amtsjahren als Bischof in Jerusalem hat Samuel Gobat etwa zweihundert Juden taufen können. Kurz nach seinem Tod wurde der Vertrag über das gemeinsame Bistum aufgehoben und die deutsche Jerusalem-Stiftung gegründet. Die deutsche Gemeinde konnte ab 1898 in die Erlöserkirche umziehen, die Christ Church war von dieser Zeit an die Anglikanische Kirche der Altstadt. Am Himmelfahrtstag 1912 wurde ein Erweiterungsbau an der Ostseite der Kirche geweiht.

Am Reformationstag 1898, dem Tag der Einweihung der Erlöserkirche, konnten die deutschen Katholiken durch Vermittlung von Kaiser Wilhelm II. ein Grundstück auf dem Zionsberg für den Bau der Kirche Dormitio Mariä erwerben. Damit stehen die beiden Kirchen von Anfang an in einem zeitgeschichtlichen Zusammenhang, der sich in ihrem ökumenischen Miteinander bis zur Gegenwart auswirkt.

In der Bibel ist mit dem Zion stets der Tempelberg gemeint. In byzantinischer Zeit aber erhielt der Hügel, der südlich des armenischen Viertels außerhalb der Stadtmauer liegt, diesen Namen, weil dort das Jerusalem der Zeit Davids vermutet wurde. Die **Basilika Dormitio Mariä (I)** wurde über dem Ort errichtet, an dem Jesus das letzte Abendmahl feierte.[18] Das „Obergemach“ (Mk 14,15) blieb auch nach seiner Kreuzigung Treffpunkt

Die Abtei Dormitio Mariä auf dem Zionsberg wurde nach dem Vorbild der achteckigen (Oktogon) Pfalzkapelle von Aachen gebaut.

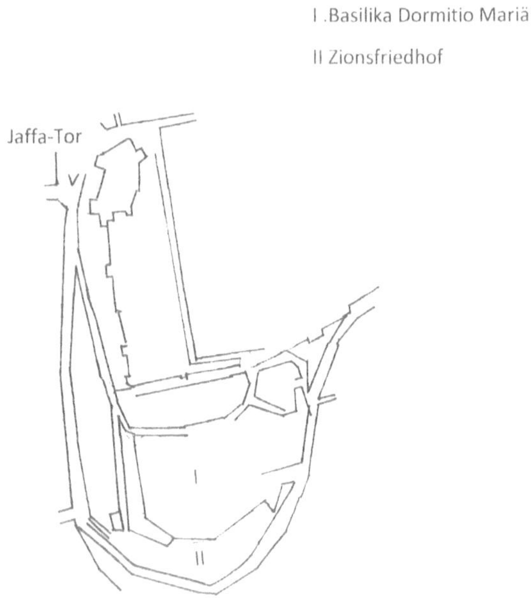

Karte Zionsberg

seiner Anhänger (Apg 1,13). Hier wurden sie am 50. Tag nach der Auferstehung Jesu vom Heiligen Geist ergriffen und begannen zu missionieren. Das griechische Wort für fünfzig heißt Pentecoste. Daraus entstand der Name „Pfingsten“. Die topographische Zuordnung des Bauplatzes zu der neutestamentlichen Erzählung wird durch archäologische Funde früher Kirchbauten gestützt. Hinzugefügt sei die schlichte Überlegung, dass von Jesu Tod bis zu den Kirchbauten Kaiser Konstantins immer Christen in und um Jerusalem lebten. Warum sollten die entscheidenden heiligen Orte der jungen Kirche vergessen worden sein?

Der Bau der Kirche wurde 1906 einer Gemeinschaft von Benediktinern aus der Beuroner Kongregation übertragen. Die Architekten Heinrich Renard und P. Mauritius Gisler entwarfen den neoromanischen Zentralbau mit seinem schwarzen Kegeldach und dem neben ihm stehenden Glockenturm nach dem Vorbild der Pfalzkapelle von Aachen, die in der Zeit Karls des Großen entstand und in der seine Grabstätte liegt. Der Boden des Rundbaus ist eindrucksvoll durch ein großes Mosaik gestaltet, das die Ausbreitung des Wortes Gottes in Raum und Zeit darstellt. Umrahmt von den Tierkreiszeichen, nennt es die Namen der zwölf Apostel und zeigt Portraits der vier Propheten Daniel, Jesaja, Jeremia und Ezechiel. Im Zentrum symbolisieren drei sich überlagernde Ringe die Dreieinigkeit. Entworfen hat das Mosaik ebenfalls P. Mauritius Gisler.

Ein besonderes Angebot der Dormitio-Abtei ist heute ein Theologisches Studienjahr für deutschsprachige Theologiestudierende. Abt Laurentius Klein OSB rief es 1973 ins Leben. Inzwischen haben mehr als 1.000 Studierende an den zwei intensiven Semestern teilgenommen. Mit einem parallelen evangelischen Angebot „Studium in Israel“ an der Erlöserkirche wird durch Referentenaustausch und gemeinsame Veranstaltungen eng zusammengearbeitet.

Zionsfriedhof

Im Frühjahr 1848 erhielt der britische Generalkonsul in Konstantinopel die Genehmigung zum Kauf eines Friedhofgeländes für das Anglikanisch-Preußische Bistum. Bischof Samuel Gobat erwarb daraufhin ein Grundstück und

Der protestantische Zionsfriedhof, Ruhestätte christlicher Entdecker, Pioniere und Diakonissinnen

ließ es durch eine starke Mauer sichern.[19] Tom Segev beginnt sein Buch „Es war einmal ein Palästina“ mit einem Blick auf diesen Zionsfriedhof:

„Am Südhang des Berges Zion, gleich neben den Ruinen des biblischen Jerusalem, liegt ein kleiner protestantischer Friedhof. Der Weg dahin führt vorbei an Pinien, Zypressen, Oliven- und Zitronenbäumen und ist gesäumt mit rosa- und weißblühenden Oleanderbüschen. Schließlich steht man vor einem von Weinreben umrankten schwarzen Eisentor. Etwa tausend Gräber liegen verstreut auf dem terrassenförmig angelegten Hügel, zum Teil verdeckt unter roten Anemonen.“[20]

Tom Segev hat sich für diesen Buchbeginn entschieden, weil die Namen auf den Grabsteinen ein Spiegel jenes

Jahrhunderts sind, das der Gründung des Staates Israel voranging. Die Inschriften sind in Englisch, Deutsch, Hebräisch, Arabisch und in einem Fall in Polnisch verfasst. Hier ruhen Diakonissinnen, Bischöfe und Pröpste; die Familie des Bankiers Frutiger, der die Eisenbahnverbindung von Jaffa nach Jerusalem finanzierte, der bedeutende Architekt Conrad Schick, W. M. Flinders Petrie, einer der Begründer der modernen Archäologie, Johann Ludwig Schneller, der Gründer des Syrischen Waisenhauses, und viele andere. Die gepflegten Grabstätten werden meistens von heller Sonne beschienen. Ein Besuch des Zionsfriedhofes ist sehr zu empfehlen und nach Rücksprache mit der Propstei der Erlöserkirche möglich.[21]

Östlich schließt sich an den Protestantischen Friedhof der Pfarrfriedhof der Katholiken an. Seinem letzten Wunsch folgend wurde Oskar Schindler hier beigesetzt. Der deutsche Industrielle, der durch Steven Spielbergs Film „Schindlers Liste" international bekannt wurde, hat mehr als 1200 Jüdinnen und Juden das Leben gerettet, indem er sie in seinem Betrieb beschäftigte und ihre Auslieferung an die SS verhinderte. Die Aufschrift des Grabsteins ist oft kaum zu lesen, weil er von Erinnerungssteinen bedeckt ist, die dankbare Menschen nach jüdischem Brauch dort niederlegen.

Mission und Diakonie

Die Arbeit des neuen protestantischen Bistums in Jerusalem weckte auch das Interesse des Theologen Theodor Fliedner, der ab 1826 verschiedene diakonische Einrichtungen in Kaiserswerth bei Düsseldorf ins Leben gerufen hatte. Ab 1828 wurde er dabei von seiner Frau Friederike tatkräftig unterstützt. Der preußische König schätzte das Wirken des Ehepaars und bat Fliedner bei sozialen Fragen öfter um Rat. Fliedners Vorschlag, mit Diakonissinnen aus Kaiserswerth ein Hospital und eine Mädchenschule in Jerusalem zu gründen, entsprach eigenen Zielsetzungen des Königs, weshalb er gerne ein Gebäude im Christlichen Viertel zu diesem Zweck zur Verfügung stellte. Fliedner reiste im März 1851 mit vier Diakonissinnen nach Palästina, und schon am 3. Mai 1851 konnte der rheinische Schreinergeselle Johann Adolf Großsteinbeck[22] als erster Patient im neuen Hospital aufgenommen werden. Noch im selben Jahr gründeten die engagierten Diakonissinnen eine Tagesschule für arabische Mädchen unter dem Namen „Talitha Kumi“. Die aramäischen Worte aus dem Markusevangelium (Mk 5,41) bedeuten: „Mädchen, steh auf.“

Ein anderer Pionier aus dieser Zeit war Christian Friedrich Spittler, der Gründervater der Basler Mission und Pilgermission. Auf dem Schweizer Berg St. Chrischona bildete die Pilgermission Handwerkermissionare aus. Vier von ihnen entsandte Spittler nach Jerusalem. Die Brüder sollten durch ihre einfache christliche Lebensweise Zeugnis von ihrem Glauben ablegen und in Bescheidenheit und Stille unter der jüdischen und muslimischen Bevölkerung wirken. Sechs weitere Missionare folgten im Jahr 1854. Zu ihnen gehörte Johann Ludwig Schneller. Angesichts der Not, die eine große Christenverfolgung 1860 über viele maronitische Familien in Syrien und im Libanon brachte, gründete er in Jerusalem das „Syrische Waisenhaus“, das sich in den folgenden Jahrzehnten zur größten evangelischen Bildungseinrichtung für die arabische Bevölkerung entwickelte und bis heute im Nahen Osten wirkt.

Ein besonders talentierter Handwerkermissionar war Conrad Schick. In seiner Anfangszeit in Jerusalem verdiente sich der Schreinermeister seinen Lebensunterhalt durch Bau und Verkauf von Kuckucksuhren. Er war ein autodidaktisches Multitalent und eignete sich in verschiedenen Berufsfeldern Kenntnisse auf höchstem Niveau an. Auf diese Weise wurde er auch zu einem der wichtigsten Architekten der Stadt. Für die Kaiserswerther Diakonie baute er außerhalb der Altstadt ein neues und größeres Gebäude für die Schule Talitha Kumi.

Auch an der Gründung und Planung des neuen Stadtteils Mea Shearim, heute ein Zentrum der ultraorthodoxen Juden, wirkte er durch den Entwurf des Grundplans mit. Seine besondere Leidenschaft galt der Archäologie. Die meisten der über dreihundert wissenschaftlichen Artikel, die er in vierzig Jahren verfasste, widmeten sich diesem Gebiet. Ein von ihm gebautes Modell des Zweiten Tempels konnte er für achthundert Goldstücke verkaufen. Das eigene Wohnhaus, das er damit finanzierte, das **Tabor-Haus**, beherbergt inzwischen das Schwedische Theologische Institut.[23] Auch das heutige **Gästehaus des Lutherischen Propstes** nahe der Erlöserkirche wurde von Conrad Schick entworfen. Zahllose Gemeindegruppen oder auch Einzelgäste haben die besondere Atmosphäre des Hauses, den malerischen Garten und den einmaligen Blick von der Dachterrasse genießen können. Für die 35 Zimmer des Gästehauses gibt es stets eine rege Nachfrage.[24] .

Ein größeres Gästehaus für Pilger, das **Paulus-Haus**, wurde von der Katholischen Kirche durch den „Deut-

Tabor-Haus (oben), Wohnsitz des hochbegabten Architekten, Archäologen und evangelischen Missionars Conrad Schick (1822-1901) Diakonissenkrankenhaus (unten) in der Neviim Street (1939)

schen Verein vom Heiligen Land“ gegenüber des Damaskustores erbaut. In einem kleinen Museum werden dort auch zwei Tempelmodelle von Conrad Schick gezeigt.[25] Auf dem Gelände des 1908 eingeweihten Gästehauses wurde die bereits existierende, katholische Schmidt-Schule untergebracht, in der heute 600 christliche und muslimische Schülerinnen unterrichtet werden. Wie im Fall des lutherischen Gästehauses, bietet die Dachterrasse des Paulus-Hauses einen spektakulären Blick auf den Tempelberg und die Altstadt Jerusalems.

Verschiedentlich wird berichtet, dass Schick auch der Architekt des außerhalb der Altstadtmauern errichteten neuen Krankenhauses der Kaiserswerther Diakonie (Neviim Street 9) gewesen sei. Alex Carmel hat klargestellt, dass Schick in diesem Fall nur die Vermessungsarbeit des Baugrundstücks ausführte, der bauleitende Architekt dagegen der in der Deutschen Kolonie lebende Theodor Sandel war (siehe S. 52).[26] Das Gebäude dient auch heute der medizinischen Versorgung, denn in den 1930er Jahren wurde es von dem benachbarten Bikur Holim-Krankenhaus übernommen.

Bischof Gobat unterstützte die diakonische Arbeit und förderte den Aufbau von Schulen und Hospitälern. Dadurch verschob sich der Schwerpunkt seiner Arbeit. Anstelle der Judenmission trat die Bildungsarbeit für arabische Christen in den Vordergrund. Im Jahr 1871, seinem 25jährigen Amtsjubiläum, gab es bereits 25 Bibelschulen mit etwa 1.000 Schülern. Aus dieser Schularbeit entwickelten sich protestantische Gemeinden, die heute in der Evangelisch-Lutherischen Kirche Jordaniens und im Heiligen Land zusammengeschlossen sind. Ihr Zentrum wurde ab 1948 die Erlöserkirche in der Altstadt von Jerusalem.

Himmelfahrtkirche auf dem Ölberg und Auguste-Viktoria-Krankenhaus

Während seiner Palästinareise zur Einweihung der Erlöserkirche (1898) versprach Kaiser Wilhelm II. den evangelischen Gemeinden in Palästina ein Erholungsheim auf dem Ölberg. Wegen seiner Höhenlage von 850 Metern wurde der Standort als besonders günstig für die Behandlung und Wiederherstellung von Malariakranken eingeschätzt. Zahlreiche Siedler der Tempelgesellschaft litten an dem Fieber. 1910 fand die Eröffnung des Hospitals und 1914 die Einweihung der zu der Anlage gehörenden **Himmelfahrtkirche** statt. Mit ihrem 65 Meter hohem Turm wurde sie zu einem neuen, weithin sichtbaren Wahrzeichen der Stadt.

Heute versorgt das Auguste-Viktoria-Hospital die palästinensische Bevölkerung Ostjerusalems. Zwei Drittel der Patienten kommen aus dem Westjordanland und dem Gazastreifen, weil sie nur hier eine spezielle Therapie gegen Krebs und Diabetes erhalten können. Nach dem Zweiten Weltkrieg übertrug die deutsche Kirche das Krankenhaus mit seinem großen Gelände treuhänderisch auf den Lutherischen Weltbund als Träger. Die Himmelfahrtkirche beherbergt heute ein Pilger- und Begegnungszentrum der Evangelischen Kirche Deutschlands.[27]

Auch für die Schule **Talitha Kumi** ergaben sich vielfache Veränderungen. Während des Zweiten Weltkrieges hatten die Schwestern aus Kaiserswerth ihre pädagogische Arbeit trotz aller Schwierigkeiten fortgesetzt. Zu den Schülerinnen gehörten gleichermaßen Christinnen, Muslima und Jüdinnen. „Es war kein Unterschied zu spüren. [...] Alle nahmen an allen Stunden teil."[28] Nach dem arabisch-israelischen Krieg 1947–49 versperrte jedoch die Waffenstillstandslinie den meisten arabischen Schülern den Zugang zu dem auf der israelischen Seite liegendem Schulgebäude. Nach längerer Suche wurde ein neuer Standort gefunden. Auf einer Berghöhe von Beit Jala, einem Nachbarort von Bethlehem, entstand das neue Schulzentrum.[29] Möglich wurde der Bau durch eine Zahlung von vier Millionen Mark, die der Staat Israel als Entschädigung für das beschlagnahmte deutsche Kirchen- und Missionseigentum bewilligte.

Im Jahr 1975 übernahm der Jerusalemverein im Berliner Missionswerk die Schule vom Kaiserswerther Diakonissenverband in seine Trägerschaft. Heute ermöglicht sie 850 Schülerinnen und Schülern eine qualifizierte Ausbildung vom Kindergarten bis zum Abitur. Außerdem wird Ausbildung in einer Hotelfachschule angeboten.

German Colony – Ein schwäbisches Straßendorf in Westjerusalem

Die Straße vom Jaffa-Tor nach Bethlehem führt hinab ins Hinnomtal, dem natürlichen Schutz der Westmauer der Stadt. Dort, wo die Fahrbahn wieder anzusteigen beginnt, liegt zur Rechten die Siedlung **Mishkenot Sha'ananim (I)**. Sie wurde 1860 von dem jüdischen Philanthropen Sir Moses Montefiore für arme Juden erbaut, die in dem völlig überfüllten jüdischen Viertel der Altstadt lebten: 28 Wohnungen mit jeweils eineinhalb Zimmern. Aus Angst vor den nachts drohenden Überfällen räuberischer Banden wurde sein Angebot zunächst nicht angenommen. Damals gab es noch keine Wohnhäuser außerhalb der Stadtmauern. Erst die Choleraepidemie im Jahr 1866 führte zu lebhafter Nachfrage und dem Bau einer zweiten Reihe von Siedlerhäusern. Durch eine aus Holland importierte Windmühle, die noch heute das Bild des Hangs prägt, eine Druckerei und eine Textilfabrik entstanden Arbeitsplätze für die Bedürftigen. Auf nördlich anschließenden Grundstücken baute der Montefiore Welfare Fund 1892–94 das Wohnviertel **Yemin Moshe (II)** mit größeren Wohnungen. Die parkartige und gleichzeitig zentrale Lage hat inzwischen viele gutverdienende Israelis als Bewohner angezogen.

Die ältere Siedlung Mishkenot Sha'ananim dient heute der Konrad-Adenauer-Stiftung Jerusalem als Tagungszentrum. Die kleinen Siedlerwohnungen wurden in ansprechende Gästeappartements umgebaut. Von der Terrasse des über den Wohnungen liegenden Restaurants, das der Öffentlichkeit zugänglich ist, kann man einen besonders schönen Blick auf die Dormitiokirche und die West-

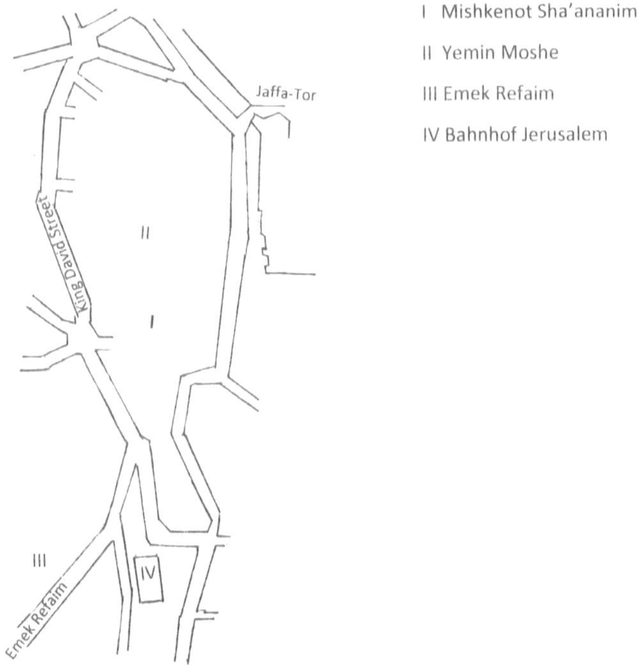

Der Weg vom Jaffa-Tor zur German Colony

mauer der Altstadt genießen. Die Anlage ist über die King David Street gut zu erreichen und die Abbiegung durch das Hinweisschild „Windmill" gekennzeichnet (Ya'akov Steinhart Street 3).[30]

Folgt man der Straße nach Bethlehem, so zweigt nach etwa einem Kilometer die Straße Emek Refaim ab. Dort gründete die Tempelgesellschaft aus Württemberg ab 1873 ihre vierte Kolonie in Palästina. Alle Hausbesitzer erhielten ein großes Gartengrundstück zur Bewirtschaftung. Die meist einstöckigen, aus Jerusalem-Stein erbauten Häuser trugen rote Ziegeldächer. Auch durch die auf bei-

Montefiore Windmühle (1862 errichtet), ein soziales Projekt des 19. Jahrhunderts. Heute ein Museum

den Straßenseiten gepflanzten Bäume sowie die grüngestrichenen Fensterläden und Eisengitter erinnerte die Siedlung an ein deutsches Dorf.

Am Eingang der Kolonie steht bis heute der Bau des Gemeindesaals mit einem Dachreiter als Glockenturm. Inzwischen dient das Gebäude einer Armenisch-orthodoxen Gemeinde als Kirche. Das Haus Emek Refaim Nr. 6 war das erste fertiggestellte Siedlerhaus. Sein Besitzer Matthäus Frank hatte einen Weinberg auf seinem Grundstück, eine mit Dampfkraft betriebene Mühle und eine Bäckerei. Der Wohlstand der Familie zeigte sich auch darin, dass das Haus zweistöckig gebaut wurde. Über dem Portal steht die Inschrift Eben Ezer, was auf Deutsch: „Stein der Hilfe" bedeutet. Die Wortverbindung steht im ersten Samuelbuch (1. Sam 7,12) und meint Gottes Hilfe für Israel im Kampf gegen die Philister. Die Auswahl dieses Bibelwortes für das erste Haus der Kolonie hängt damit zusammen, dass sich nach der biblischen Erzählung König Davids größter Sieg über die Philister im Tal Refaim ereignete, in das die heutige Emek Refaim hineinführt.

Das Haus Emek Refaim Nr. 9 ziert ein steinerner Löwenkopf. Dieses Motiv hatte die Familie Sandel aus Süddeutschland mitgebracht, wo ein solcher Löwenkopf die Eingänge ihrer Apothekenkette schmückte. Theodor Sandel hatte in Stuttgart Architektur studiert und als Referendar beim Bau der Eisenbahn im oberen Donautal mitgewirkt. In Palästina wurde der bald zum Führungskreis der Templergemeinde Gehörende ein viel beschäftigter Architekt. So war er an der Neuanlage der Templersiedlung Sarona ebenso beteiligt wie an dem Bau der Eisenbahn von Jaffa nach Jerusalem. Für die Kaiserswerther Diakonie errichtete er in der westlichen Vorstadt ein neues Krankenhaus und für einen jüdischen Sozialverband das Krankenhaus Shaarei Zedek. Seinem Sohn Benjamin, der ebenfalls Architektur studierte, oblag später die Bauausführung der katholischen Kirche Dormitio Mariä auf dem Zionsberg.

Eine Seitenstraße der Emek Refaim ist die Lloyd George Street. Dort befindet sich mit der Hausnummer 15 das Wohnhaus des Architekten Gottlob Bäuerle, das mit verschiedenen Architekturelementen deutlich aufwendiger gestaltet ist als die schlichten Häuser der Templer, die nach seinen Entwürfen gebaut wurden. Gottlob Paul Bäuerle, einer seiner Söhne, gründete 1928 in der Lloyd George Street 4 das beliebte und stadtbekannte „Orient Kino“, das in den 1990er Jahren den Namen „Lev Smadar Cinema“ erhielt. Die Stadtverwaltung Jerusalems hat die traditionsreiche Kultureinrichtung durch das Anbringen einer blauen Erinnerungstafel gewürdigt.

In der Lloyd George Street 12 entstand ab 1903 das Deutsche Hospiz St. Charles. Träger war der Konvent der Borromäerinnen, die seit 1891 in der Kolonie tätig waren. Später wurde die Einrichtung um eine Schule und ein Altersheim ergänzt. Seit 1934 werden von den Schwestern des Ordens auch Gäste beherbergt. Die Einnahmen dienen zur Finanzierung ihrer karitativen Arbeit.[31] Am Empfang des Konvents ist der Schlüssel für den Friedhof der Templergemeinde zu erhalten, auf dem auch Christoph Hoffmann bestattet ist, der Gründer dieser Freikirche.

Das Haus Emek Refaim 43 ist seit einigen Jahren Sitz von „SK Tours In Nature“. Georg Rößler, ein studierter Judaist aus Deutschland, der mit einer Israelin verheiratet ist, bietet zusammen mit einem Team von Freunden neben Stadtführungen auch Wanderungen in ganz Israel an. Ein Programmvorschlag ist der „Jerusalem-Weg“, eine vollständige Pilgerwanderung in den Fußspuren Jesu von Galiläa bis nach Jerusalem.[32] Darüber hat er auch ein anschauliches und einladendes Buch geschrieben.[33]

Ein Höhepunkt in der frühen Geschichte der German Colony war der Umzug des Tempelstifts, einer Ausbildungsstätte für junge Templer, von Jaffa nach Jerusalem im Jahr 1878. Damals sah sich Christoph Hoffmann, der Vorsitzende der Tempelgesellschaft (siehe S. 13), am Ziel seiner Wünsche. Denn die Gesellschaft, die er 1854 in Ludwigsburg gegründet hatte, trug ja den Namen: „Sammlung des Volkes Gottes in Jerusalem“. Die Templer wollten weder missionieren noch ein Tempelgebäude errichten, sondern wie es im 1. Petrusbrief heißt: „sich als lebendige Steine zum geistlichen Haus aufbauen lassen“ (1. Petr. 2,5), das durch Jesus Christus zusammengehalten wird „und wächst zu einem heiligen Tempel im Herrn“

Christoph Hoffmann (1815–1885),
Gründer der Tempelgesellschaft

(Eph. 2,22). Für Christoph Hoffmann war Jerusalem durch die Weissagungen der Propheten als entscheidender Sammlungsort für das neue vorbildliche Volk bestimmt: „Kommt lasst uns hinauf zum Berge des Herrn gehen [...], dass er uns lehre seine Wege und wie wir in seinen Pfaden wandeln! Denn von Zion wird Weisung ausgehen und des Herren Wort von Jerusalem.“ (Mi 4,2)

Doch die Hoffnung, dass mit dem Einzug der geistlichen Ausbildungsstätte in Jerusalem ein neuer Aufschwung der Einwanderung einsetzen würde, erfüllte sich nicht. Eines der Hindernisse hatten die Templer selbst aufgerichtet: Von den vielen Bewerbern für eine Auswanderung nach Palästina wurden nur die zugelassen, deren Berufe in den Siedlungen gebraucht wurden. Außerdem mussten sie über ausreichende Geldmittel verfügen, um ihre Anfangszeit im Land selbst finanzieren zu können. Viele Auswanderungswillige, die diese Kriterien nicht erfüllten, hatten sich enttäuscht abgewandt. Andrerseits gilt, dass der wirtschaftliche Erfolg der Templer, der auch von zionistischer Seite anerkannt wurde, sich genau diesen Kriterien verdankte.

Als Christoph Hoffmann 1885 starb, war außerdem eine Alternative für Menschen entstanden, die aus Deutschland auswandern wollten: deutsche Kolonien in Afrika. Auch viele der in Palästina geborenen Siedlerkinder begannen sich als Erwachsene zu fragen, ob eine Auswanderung nach Deutsch-Ostafrika nicht erstrebenswerter sei, als die oft mühsame Kooperation mit den osmanischen Behörden auszuhalten. Die Bindung der Mitglieder an ihre Freikirche schwächte sich auch ab, weil Hoffmanns Vision, Palästina würde einmal den Templern gehören, durch die starke arabische und jüdische Zuwanderung von Tag zu Tag an Überzeugungskraft verlor. 1910 lebten noch etwa 400 Templer in der Emek Refaim. 40 Wohnhäuser und 37 Wirtschaftsgebäude waren errichtet worden.[34]

Im Jahr 1892 veränderte sich das Umfeld der Kolonie stark, weil östlich ihrer Grundstücke die Trasse für die Bahnstrecke Jaffa–Jerusalem gebaut wurde und dem Gemeindesaal gegenüber der neue Endbahnhof entstand. Initiiert und finanziert hatte das auch ingenieurtechnisch anspruchsvolle Projekt der Schweizer Bankier Johannes Frutiger. Die Basler Pilgermission hatte ihn 1858 als für sie tätigen Kaufmann nach Jerusalem entsandt. 1873 übernahm er das Bankgeschäft der Mission und machte

Die Schmalspurbahn Jaffa–Jerusalem war die erste auf dem Gebiet des heutigen Staates Israel und zugleich im Nahen Osten – eine ingenieurtechnische Herausforderung.

sich dann mit deren Zustimmung selbständig. Er wurde der bedeutendste Bankier des Landes und unterstützte als Mäzen viele christliche und jüdische Hilfseinrichtungen.[35]

Am 27. August 1892 erreichte der erste Personenzug Jerusalem. In der Anfangszeit verkehrte täglich nur ein Zug in beide Richtungen, später waren es zwei. Die Eisenbahnverbindung bewirkte einen sprunghaften Entwicklungsschub für die Stadt. In nur zehn Jahren verdoppelte sich die Einwohnerzahl Jerusalems. Ein Jahrhundert später, im Jahr 2005, wurde der Endbahnhof Jerusalem in den westlicher liegenden Vorort Malcha verlegt.

Heute werden der historische Bahnhof (Derech Beit Lechem 11) und die 7 Kilometer lange Eisenbahntrasse bis Malcha neu genutzt.[36] Im Bahnhof entstanden Flächen und Räume für Kunst, Kultur und Yoga. Diese neuen Zwecke des alten Gebäudes passen gut zum Charakter des beliebten Stadtteils mit seinen Cafés, kleinen Läden und Restaurants. Über den Gleisanlagen im Bahnhofsbereich montierte man ein großes Holzplateau für verschiedene Freizeitangebote, die viele Besucher anziehen.

Die Sportlichen unter ihnen können auch die alte, in einen Naherholungspfad verwandelte Schienenstrecke nutzen, sei es für einen Spaziergang oder einen Lauf durch das Refaimtal. Die frühere Gleistrasse heißt heute „Park HaMesila“, der Schienenpark. Genauer gesagt ist der Park ein Grünstreifen von 7–15 Meter Breite und 7 Kilometer Länge, der täglich viele Läuferinnen und Läufer anzieht. Der Weg schlängelt sich durch arabische und jüdische Stadtteile und ist zu einem ermutigenden Beispiel praktizierter Koexistenz geworden. Eine Gruppe von Sportlern aus den verschiedenen Stadtteilen trainiert dort gemeinsam unter dem Motto: „Läufer ohne Grenzen“.

Am Endpunkt des Pfades, in Malcha, lockt eine weitere Freizeitattraktion der Stadt, der „Biblische Zoo Jerusalem“.[37] In einem von grünen Hügeln umgebenen Tal leben in zahlreichen Gehegen die in Israel heimischen und in der Bibel erwähnten Tiere. Der Zoo wird höchsten Tierschutzstandards gerecht und erstreckt sich über eine Fläche von 25 Hektar. Er gilt als einer der schönsten Parks des Landes.

Im Juni 1878 – vierzehn Jahre vor dem Bau der Eisenbahn – war in der „Warte“, der Verbandszeitung der Templer, noch zu lesen: „Das Refaimtal, an dessen oberen Ende unsere Kolonie und Schule liegt, ist eine stille freundliche Ebene, im Westen, Süden und Osten von mäßigen Gebirgszügen begrenzt, ein stiller Winkel, ganz geeignet zu wissenschaftlicher Beschäftigung, abgelegen von allen Verkehrsstraßen.“[38]

Gemälde von Gustav Bauernfeind, der 1904 in Jerusalem starb. Er gilt als der bekannteste Orientmaler Deutschlands. Die deutsche Kolonie bei Jerusalem

Wie abgelegen die Kolonie in ihrer Anfangszeit war, zeigt eine Erinnerung an den bedeutenden Orientmaler Gustav Bauernfeind. Sein Sohn schrieb in einem Brief: „Mein Vater, der seinen Lebensabend in der deutschen Kolonie in Jerusalem zubrachte [...], ging mit mir vor seinem Tode jeden Abend an den Rand der Wüste, wo er schweigend den Sonnenuntergang betrachtete.“[39]

Rechavia – Grunewald im Orient

Entwicklung des Stadtteils

Vor dem Ersten Weltkrieg hatten sich jährlich viele russische Christen auf die Pilgerschaft nach Jerusalem begeben. Die Oktoberrevolution 1917 bewirkte, dass diese Tradition abbrach und als Folge davon der gastgebenden Griechisch-Orthodoxen Kirche im Heiligen Land beträchtliche Einnahmen fehlten. Aus diesem Grund entschied sich die Kirche 1921, ein großes Gelände im Westen der Altstadt an den Jüdischen Nationalfonds zu verkaufen. Der neue Stadtteil Rechavia, der dort entstand, wird heute begrenzt durch die King George Street im Osten, Derech Gaza im Süden, Ussishkin Street im Westen und die Keret Kayemet Street im Norden.

Der Nationalfond beauftragte den deutsch-jüdischen Architekten Richard Kauffmann, der aus Frankfurt am Main stammte, mit dem Bau einer Gartenstadt auf dieser Fläche. Kauffmann brachte für diese Aufgabe praktische Erfahrungen mit, weil er bereits vor dem Ersten Weltkrieg an der Entwicklung der ersten deutschen Gartenstadt Hüttenau im Rheinland mitgewirkt hatte. Ab 1922 entstanden in Rechavia unter seiner Leitung 114 Einfamilienhäuser mit Gärten. Zwanzig Häuser entwarf der Architekt selbst. Zu ihnen gehörte auch das „Beit Aghion“, die heutige Residenz des israelischen Premierministers (Smolenskin Street 9 / Ecke Balfour Street). Kauffmanns Bauten zeichnen sich durch einen schlichten modernen Stil aus. Nur das für einen griechischen Kaufmann entworfene „Beit Aghion“ ist größer und aufwendiger gestaltet.

Das hebräische Wort Rechavia bedeutet auf Deutsch die Weite Gottes. Zu dem Programmwort „Weite“ passte der erste Bebauungsplan gut. Doch der Charakter einer aufgelockerten Gartenstadt, die deutsche Besucher an den Berliner Westen, an Dahlem oder Grunewald, erinnerte, blieb nicht lange erhalten. Die Zuwanderung der vor dem Nationalsozialismus fliehenden Juden ließ die Zahl der Gebäude bereits bis zum Jahr 1936 auf 246 wachsen.[40]

Von Anfang an wohnten in dem neuen Stadtteil bekannte Persönlichkeiten, Regierungsangestellte, Diplomaten oder Professoren der Hebräischen Universität, an deren Bau auf dem Skopusberg Richard Kauffmann ebenfalls mitgewirkt hatte. Weil das deutsch-jüdische Bildungsbürgertum stark vertreten war, galt Rechavia als deutsches Viertel. Die 1933 aus Berlin emigrierte Journalistin Gabriele Tergit schreibt:

> „Eine Welt für sich ist Rechavia. [...] Vorgärten, moderne Häuser, glatt, gerade, zwei bis drei Stock hoch, aus dem Stein der Landschaft, weißgrauen Quadern mit flachen Terrassendächern. [...] Bürgertum, Bücherschrank, Couch, Standlampe und Büfett, Damen, die sich zurechtmachen, und Damen, die Bridge spielen, bürgerliche Verlobung, Ehe und Mitgift.“[41]

Auch der aus Deutschland emigrierte Architekt Erich Mendelsohn ließ sich hier nieder und errichtete in diesem Stadtteil für den Verleger Salman Schocken die Villa Schocken und die Schocken-Bibliothek[42], die mit über 60.000 Werken die größte deutschsprachige Büchersammlung Israels ist. Ebenfalls fand das zweite Gymnasium des Landes hier seinen Platz. Zu den bekannten Absolventen der Schule gehörte Amos Oz, der in dem Buch „Eine Geschichte von Liebe und Finsternis“ an seine von bitterer Armut geprägte Jugend erinnert: „Das Jerusalem, nach dem sich meine Eltern sehnten, lag fernab unseres Viertels: in Rechavia, durchflutet von Grün und Klavierklängen [...].“[43]

Berühmte Einwohner aus dem deutschen Sprachraum

David Flusser, 1917–2000, war einer der im Stadtteil wohnenden Hochschullehrer (Alkalei Street 28). 1962 war er als Professor für vergleichende Religionsgeschichte an die Hebräische Universität berufen worden. Der 1917 in Wien Geborene lebte bis zur Besetzung Tschechiens durch deutsche Truppen in Böhmen. Dort hatte ein christlicher Pfarrer sein Interesse an Jesus und religiösen Fragen geweckt. An der Hochschule in Jerusalem wurde die Erforschung des Neuen Testaments und seines rabbinisch-pharisäischen Hintergrunds zum Schwerpunkt seiner Arbeit. 1968 veröffentlichte er das Buch „Jesus“, in dem er – auch mit

Blick auf die christliche Leben-Jesu-Forschung – eine eigene, jüdische Perspektive entwickelt.

Die geistige Nähe Jesu zu dem rabbinischen Gelehrten Hillel ist ein Schlüsselpunkt seiner Deutung. Schon vor Jesus habe Hillel gesagt: „Richte nicht deinen Nächsten, bis du nicht an seine Stelle gekommen bist." Auch Hillel habe im Doppelgebot der Liebe die Zusammenfassung des mosaischen Gesetzes gesehen.[44] Unterstützt wird diese Sicht von einer Geschichte, die über Hillel und seinen Gegenpol Schammai erzählt wird, den anderen großen pharisäischen Lehrer zur Lebenszeit Jesu. Schammai urteilte in Fragen der Gesetzesauslegung und des Übertritts zum Judentum strenger als Hillel. Einmal wurde Schammai von einem Nichtjuden gefragt, ob er ihm die Tora in der Zeit erklären könne, die ein Mensch auf einem Bein zu stehen vermag. Schammai wies dies als unmöglich zurück. Anders reagierte Hillel. Als ihm die Frage gestellt wurde, antwortete er: „Du sollst deinen Nächsten lieben wie dich selbst." (3. Mose 19,18) Alles andere sei Kommentar zu diesem Satz.[45] Flusser schließt seine Gedanken über die geistige Nähe von Jesus und Hillel mit den Sätzen:

„Wer damals der Liebespredigt Jesu lauschte, konnte von ihr ergriffen werden. Viele haben damals ähnlich gedacht. Allerdings in der klaren Reinheit der Töne musste man irgendwie etwas Sonderbares spüren. Nicht alles, was man damals im Judentum dachte und lehrte, hat Jesus aufgenommen. Am nächsten ist er, obzwar er eigentlich kein Pharisäer war, den Liebespharisäern aus der Schule des Hillels, doch er führte den Weg weiter, zur unbedingten Liebe gerade dem Feind, dem Sünder gegenüber."[46]

Pinchas Lapide hat diese Deutung in seinem Buch „Jesus – ein gekreuzigter Pharisäer?" zustimmend aufgenommen und weiterentwickelt.[47] Im Jahr 2020 gab Walter Homolka unter dem Titel „Der Jude Jesus – eine Heimholung" einen Überblick über den Weg der jüdischen Leben-Jesu-Forschung in der Moderne.[48]

Gershom Scholem, 1897–1982, wohnte in Rechavia in der Abarbanel Street 28. Schon in seiner Jugend hatte er sich für den Zionismus entschieden und war 1923 in das britische Mandatsgebiet Palästina ausgereist. Er war überzeugt davon, dass die Assimilation der Juden in Deutschland gescheitert war. Trotz aller Anstrengungen wurden Juden nicht als gleichwertig anerkannt. Deshalb wollte er kein Deutscher bleiben. Seit ihrer Gründung im Jahr 1925 war er Lehrbeauftragter der Hebräischen Universität für Religionsgeschichte. 1933 wurde ein Lehrstuhl für ihn eingerichtet. Seine Arbeiten über die jüdische Mystik ließen ihn zum Wiederentdecker der Kabbala werden.[49]

Seit 1915 war er eng mit Walter Benjamin befreundet. Ein nicht abreißender Briefwechsel verband die beiden gebürtigen Berliner bis zu Benjamins Flucht aus Paris und seiner tragischen Selbsttötung an der spanischen Grenze im Jahr 1940. Immer wieder hat Scholem seinen Freund für ein Leben in Palästina gewinnen wollen. Bei einem Treffen der beiden in Paris im Jahr 1927 konnte er Benjamin mit dem Kanzler der Hebräischen Universität bekanntmachen. Über den Aufbau einer geisteswissenschaftlichen Fakultät in Jerusalem wurde gesprochen, und Benjamin berichtete bei dieser Begegnung, dass er die

Paul Klee, „Angelus Novus", 1920

Welt des Judentums als einen zentralen Gegenstand seiner eigenen Arbeiten vor Augen habe.[50] Diese Pläne blieben aber ebenso unverwirklicht wie das Erlernen der Hebräischen Sprache, obwohl Scholem ihn mit den nötigen Finanzmitteln für einen Sprachkurs ausstattete.

Benjamin hing sehr an der aquarellierten Zeichnung „Angelus novus" von Paul Klee, die er 1921 von dem Künstler gekauft hatte. In seiner bekannten Arbeit „Über den Begriff der Geschichte" deutete er Klees Engelgestalt hellsichtig als Vorzeichen einer schrecklichen Endzeit. Bereits 1932 hatte Benjamin das Bild seinem Freund Scholem testamentarisch zugedacht, der es nach dem Krieg aus dem in Paris in der „Bibliothèque nationale de France" versteckten Nachlass erhielt. Scholem erinnerte sich, dass sie in der Zeit, in der Benjamin das Bild erwarb, Gespräche über talmudische und kabbalistische Angelologie führten. Das Blatt befindet sich heute im Israel-Museum in Jerusalem. Später hat Scholem dem Freund den Dienst erwiesen, dessen „Gesammelte Schriften" gemeinsam mit Theodor W. Adorno herauszugeben.

Geistige Nähe und kritischer Dialog kennzeichnen Scholems Beziehung zu Martin Buber, der nach seiner Emigration nach Palästina im Jahr 1938 schließlich eine Wohnung im Nachbarviertel Talbye fand (Hovevei Zion Street 3). Scholem schreibt:

> „Niemand, der Buber gekannt hat, konnte sich der starken Ausstrahlung entziehen, die von ihm ausging und die die Auseinandersetzung mit ihm doppelt leidenschaftlich gemacht hat. [...] Als ich ihn kennenlernte, stand er auf dem Höhepunkt seines Einflusses auf die jüdische Jugend im deutschen Sprachkreis, in den Jahren des Ersten Weltkrieges und kurz nachher, wo seine Worte einen großen Kreis erreichten und bewegten. [...] Es gehört zu Bubers bittersten Erfahrungen, dass in beiden Fällen diese Begegnung mit einer jüdischen Jugend, die zum Aufbruch bereit war und von Buber erwartete, dass er mit ihr gehen würde, in tiefer Ent-

fremdung endete. Freilich könnte man ebenso gut sagen, dass es zu den bittersten Erfahrungen jener Jugend gehörte, dass Buber nicht die von ihm erwarteten Konsequenzen aus seiner Botschaft zog. [...] Sie hat ihm nie verziehen, dass er nicht mit ihr gegangen ist, als die Stunde schlug."[51]

Martin Buber, 1878–1965, schloss sich am Ende seiner Studienzeit nach einer persönlichen Begegnung mit Theodor Herzl im Jahr 1901 der zionistischen Bewegung an. Herzl übertrug dem 23jährigen die Leitung des zionistischen Verbandsorgans „Die Welt". Warum Buber trotz seines großen Engagements für die zionistische Idee den Weg nach Palästina erst 1938 unter dem Druck der Verfolgung fand, verstanden Gershom Scholem und viele andere Weggefährten nicht.

Einer der Gründe, der ihn in Deutschland hielt, war gewiss das außergewöhnliche Interesse, das er als Autor und Redner beim nichtjüdischen Publikum fand. Schon seine Bücher über den Chassidismus, die er ab 1906 veröffentlichte, stießen auf ein starkes Echo. Erst recht galt dies für sein philosophisches Hauptwerk „Ich und Du" (1923). Der neue Geist liberaler Offenheit, die der Weimarer Zeit eigen war, ließ Menschen auch nach neuen religiösen Erfahrungen jenseits von Konfessions- und Religionsgrenzen suchen. Bubers religiöser Existentialismus sprach viele Menschen an. Scholem weist auf den merkwürdigen Umstand hin, dass „die fast völlige Einflusslosigkeit Bubers in der jüdischen Welt [...] seltsam mit seiner Anerkennung bei den Nichtjuden kontrastiert."[52] Von 1924 bis 1933 war Martin Buber erst Lehrbeauftragter und zuletzt Honorarprofessor für jüdische Religionslehre und Ethik an der Universität Frankfurt am Main. Ab 1925 arbeitete er zusammen mit dem Philosophen Franz Rosenzweig an einer Neuübersetzung der Hebräischen Bibel in die deutsche Sprache, die sich engstens am hebräischen Urtext orientierte. Nach Rosenzweigs Tod im Jahr 1929 führte Buber die Arbeit allein weiter. Bis 1938 erschienen 15 der insgesamt 20 Bände. Erst in Israel konnte Buber das Werk Anfang der 1960er Jahre abschließen. Es ist der „zuvor noch nie unternommene Versuch, die ganze Fremdartigkeit des hebräischen Textes in der deutschen Übertragung wiederzugeben und so weit wie möglich zu erhalten. [...] Tatsächlich lässt Bubers Bibel die Leser oft stolpern und bringt sie so zum Nachdenken und ins Gespräch."[53]

Ein friedliches Zusammenleben von Juden und Arabern war für Buber ein Herzensanliegen. Mit Gleichgesinnten gründete er die politische Gesellschaft „Ichud". Der Name bedeutet „Einheit". In dem Programm der Gesellschaft aus dem Jahr 1943 heißt es in den Ziffern 2 und 3:

> „Ichud ist bestrebt, die lebenswichtigen Probleme unseres Landes und dessen Aufbau auf dem Weg der Union des jüdischen und des arabischen Volks in Angriff zu nehmen. In dieser Richtung wird der Verband Ichud den Weg suchen, auf dem die jüdische und die arabische Welt auf allen Lebensgebieten [...] zusammenarbeiten kann, um die semitische Welt wiederzubeleben. Die hauptsächlichen politischen Bestrebungen des Verbandes

Ichud sind: a) in Palästina eine Regierungsform aufgrund gleicher politischer Rechte für beide Völker auszuarbeiten […].“[54]

Zwar gelang es, eine Reihe angesehener Menschen für dieses Programm zu gewinnen, aber um ein Mandat in der Knesset anzustreben, blieb der politische Widerhall zu schwach. Buber stiftete die Hälfte des Geldes, das er 1951 in Verbindung mit dem Hamburger Goethe-Preis erhielt, für die Arbeit von Ichud. Und ein Fonds, der arabischen Studenten ein Studium an der Hebräischen Universität erleichtern soll, wurde von ihm testamentarisch bedacht.

Im Jahr 1955 gründete Martin Buber gemeinsam mit Hannah Arendt, Gershom Scholem und Ernst Simon das Leo-Baeck-Institut, dessen Arbeit an seinen drei Sitzen in Jerusalem, London und New York der Geschichte des deutschsprachigen Judentums gewidmet ist.

Else Lasker-Schüler, 1869–1945, wohnte in Rechavia in einem einzelnen Zimmer zur Untermiete. Nach ihrer Flucht aus Deutschland völlig verarmt, erhielt sie eine „Ehrenrente“, die je zur Hälfte von der Jewish Agency und dem Verleger Salman Schocken aufgebracht wurde. Weitere Unterstützung erhielt sie von der Familie Hecht aus Haifa. Die Künstlerin war nicht nur Dichterin, die im expressionistischen Stil Dramen, Erzählungen und Essays verfasste, sondern auch Zeichnerin. Ein lebendiger Briefwechsel mit Franz Marc, von dem über 90 kleine

Kunstwerke erhalten sind, dokumentiert ihre enge Freundschaft. Die Korrespondenzkarten zeigen ein Ineinander von Texten mit Aquarellen oder Zeichnungen.

In Jerusalem kannte sie nur wenige Menschen. Martin Buber, den sie in seinem Haus in Heppenheim besucht hatte, nannte sie den „Zaddik vom Odenwald“. Über die Zaddikim, die charismatischen Gelehrten des osteuropäischen Judentums im 18. Jahrhundert, hatte Buber zahlreiche Einzelstudien und sein Sammelwerk „Die Erzählungen der Chassidim“ geschrieben. Als er in der Jerusalemer Synagoge der deutschen Juden „Emet w’Emuna“ ein offenes Forum über Zeit- und Streitfragen anbot, nahm sie schon an der ersten Veranstaltung teil. Schalom Ben-Chorin, der ebenfalls anwesend war, schrieb über den Verlauf des Treffens:

> „Buber begann in seiner vorsichtigen, zurückhaltenden Weise: ‚Wenn mir jemand heute sagen würde: Ich habe Offenbarungen, oder: Ich weiß genau, was die Geschichte uns bringen wird – dann würde ich ihm zutiefst misstrauen.‘ Weiter sollte Buber nicht kommen, denn aus einer Ecke des kleinen Andachtsraumes meldete sich in unverkennbarer Mischung aus Berliner Dialekt und Wuppertaler Platt die Stimme einer Frau: ‚Aber Herr Professor, ich habe ständig Offenbarungen.‘ Es war die Dichterin Else Lasker-Schüler, die mit ihrem Einwand, unmittelbare Offenbarungen des Himmels zu empfangen, Bubers Konzept einen heftigen Stoß versetzte. Mit großer Ruhe und Geduld ging Buber auf den Einwand ein und fragte die Dichterin nach dem Wesen ihrer Offenbarun-

gen, vorsichtig zu bedenken gebend, dass poetische Inspiration mit prophetischer Offenbarung nicht identisch sei.

Aber mit der Lasker-Schüler war da zu keinem Kompromiss zu kommen. Sie beharrte auf ihren Offenbarungen, erklärte unumwunden, dass ihre Dichtungen inspiriert seien und dass kein Geringerer als der König David persönlich sie im Hotel Koschel in Berlin aufgesucht habe, um ihr Geheimnisse der Geisterwelt und der Zukunft zu offenbaren. Buber strich sich bedächtig den Bart und ließ den Blick sinnend auf der ekstatisch bebenden Dichterin ruhen, deren winzige Gestalt sich emporreckte, als sie Buber schließlich den Satz: ‚Herr Professor, ich verehre Sie sehr!' wie einen Fehdehandschuh hinwarf – und die Synagoge verließ."

Als nach dem Abschluss der Veranstaltung Ben Chorin glaubte, den Vortragenden bedauern zu müssen, lautete dessen Reaktion: „Die Lasker-Schüler ist ja eine wirkliche Dichterin, der alles zu verzeihen ist"."[55]

Die Dichterin starb nach einem Herzanfall am 16. Januar 1945. Sie wurde auf dem Ölberg begraben. Ben Chorin zitiert Verse, die sie in der Einsamkeit ihrer Jerusalemer Jahre dichtete:

Ich liege wo am Wegrand überschattet
Und über mir die finstere kalte Nacht
Und zähl schon zu den Toten längst bestattet.[56]

Das ehemalige Haus von Eliezer Ben-Yehuda, dem Begründer der neuhebräischen Sprache, liegt in dem ruhigen Stadtteil Talpiot. Genauer gesagt ist es das Wohnhaus seiner Familie. Denn im Jahr 1922, in dem es fertiggestellt wurde, starb Ben-Yehuda. Seine Familie hat es jedoch bis in die 1950er Jahre bewohnt. Dann wurde es von der Stadtverwaltung erworben. Der Jerusalemer Bürgermeister Teddy Kollek entschied 1971, das Beit Ben-Yehuda der „Aktion Sühnezeichen Friedensdienste" für ihre Freiwilligenarbeit in Israel zur Verfügung zu stellen. 2021 wurde dort das 60jährige Jubiläum dieser Arbeit gefeiert.

Mit finanzieller Hilfe evangelischer Landeskirchen konnte im Garten des Hauses ein Gästehaus gebaut werden, das bis zu sechzig Personen beherbergen kann. Das Team freut sich über die Buchung von Gruppen, aber auch von Einzelpersonen. [57]

Das Beit Ben-Yehuda war das Wohnhaus des neuhebräischen Sprachgründers; heute eine internationale Begegnungsstätte der Aktion Sühnezeichen Friedensdienste.

Exkurs: Aktion Sühnezeichen Friedensdienste

Schwerer Anfang im Jahr des Eichmannprozesses

Der Gründer von Aktion Sühnezeichen, Lothar Kreyssig, war ein gläubiger und mutiger Mensch. Im Jahr 1937 wurde er Vormundschaftsrichter in Brandenburg, und ihm fiel auf, dass immer mehr seiner geistig behinderten Mündel nach einer Verlegung in bestimmte Anstalten starben. Kreyssig recherchierte und protestierte. Schließlich erhob er Anzeige wegen Mordes gegen Philipp Bouhler, den Leiter der „Kanzlei des Führers", der für das nationalsozialistische „Euthanasieprogramm" verantwortlich war. Kreyssigs Klugheit und viel Glück bewirkten, dass nicht der Abtransport in ein Konzentrationslager, sondern „nur" seine Entfernung aus dem Amt die Folge war.[58]

Er zog sich mit seiner Familie auf seinen Bauernhof zurück, der zu einem Treffpunkt der „Bekennenden Kirche" wurde und wo auch zwei Jüdinnen in den letzten Kriegsjahren Zuflucht fanden. Im Jahr 2016 hat die israelische Gedenkstätte Yad Vashem dem Ehepaar Johanna und Lothar Kreyssig den Ehrentitel „Gerechte unter den Völkern" verliehen. 1958 rief Lothar Kreyssig am Rande der Synode der Evangelischen Kirche in Deutschland, der er angehörte, zur Gründung von Aktion Sühnezeichen auf. Man solle die Völker, die von Deutschland Gewalt erlitten hatten, bitten, „dass sie uns erlauben, mit unseren Händen und mit unseren Mitteln in ihrem Land etwas Gutes zu tun, ein Dorf, eine Siedlung, eine Kirche oder ein Krankenhaus oder was sie sonst Gemeinnütziges wollen, als Versöhnungszeichen zu errichten. Lasst uns mit Polen, Russland und Israel beginnen, denen wir wohl am meisten wehgetan haben."[59] Über 20.000 junge Menschen sind im Verlauf der vergangenen Jahrzehnte diesem Ruf gefolgt. Über die Motivation für seine Initiative schrieb Kreyssig Anfang 1959: „Zu den Völkern, die ganz unmittelbar unter uns gelitten haben, ist kaum etwas gedrungen, was sie als Zeichen wirklicher Einsicht hätten ansehen können."[60]

Der Beginn der Arbeit in Israel im Jahr 1961 gestaltete sich besonders schwierig. Denn der Eichmann-Prozess in Jerusalem weckte damals viele traumatische Erinnerungen und tiefe Vorbehalte gegen Deutschland und die Deutschen. Nur wenige der 275 Kibbuzim zeigten sich bereit, junge Freiwillige aus Deutschland aufzunehmen. Erschrocken waren die Verantwortlichen über die Reaktion des Religionsphilosophen Martin Buber. Bei dem Besuch eines Vertreters von Aktion Sühnezeichen bei ihm sagte er sinngemäß:

> „Die Aussöhnung mit dem Volk Israel ist keine Frage des deutsch-jüdischen Verhältnisses, sondern eine rein deutsche Problematik. Es gibt [...] keine ernstzunehmende Arbeit in Deutschland, die sich mit der Frage auseinandersetzt: Wie war diese Entmenschlichung möglich? Wo liegen die Wurzeln? Welches sind die Quellen? Es war für uns Juden eine fatale Überraschung, das Volk eines Bachs oder Hölderlins so entstellt zu sehen. Können wir Hitler als einmalige Verfehlung hinstellen? [...] Alle Besuche von Deutschen bei mir in Jerusalem haben mich nicht überzeugen können, dass hinter ihnen eine große Zahl in Deutschland heute steht. Und gerade deshalb müsst ihr es allein wagen [...]. Niemand von außen kann Euch dabei helfen! Schon gar nicht ein Jud!"[61]

Die Arbeit der Freiwilligen in Israel wurde in der Folgezeit zunehmend wahrgenommen und geschätzt. Dass Teddy Kollek der Aktion Sühnezeichen das denkmalgeschützte Beit Ben-Yehuda anvertraute, war ein deutliches Zeichen der Unterstützung. Aber gleichzeitig wurde die kritische Reaktion Martin Bubers von den damals Verantwortlichen nicht vergessen, sondern hatte nachhaltige Konsequenzen für die künftige Arbeit. Nach sorgfältiger Diskussion in den Gremien wurde beschlossen, stärker auf die Bewusstseinsbildung innerhalb der deutschen Gesellschaft Einfluss zu nehmen. Auch wurde das Einsatzfeld für Freiwillige auf Projekte innerhalb der Bundesrepublik erweitert, wie etwa durch Freiwilligendienste in der Versöhnungskirche in Dachau oder an anderen Gedenkorten und durch die Begleitung von jüdischen Überlebenden.

Martin Bubers Impuls

In der Gegenwart ist diese Aufgabenstellung darin erkennbar, dass sich die aktiven Mitglieder von Aktion Sühnezeichen Friedensdienste mit rechtspopulistischen Bewegungen und dem völkischen Nationalismus von Teilen der AfD auseinandersetzen. Die Aktion Sühnezeichen bereitete mit anderen Organisationen und Initiativen für den 13. Oktober 2018 die große Kundgebung „Unteilbar“ in Berlin vor. Die Resonanz übertraf alle Erwartungen: Rund 250.000 Menschen zogen friedlich und fröhlich über die „Straße des 17. Juni“ zur Siegessäule. Jutta Weduwen von der Aktion Sühnezeichen Friedensdienste war die erste Rednerin dort. Sie schloss ihre Rede mit dem Appell einer jüdischen Überlebenden der Shoa: „Aller Hass beginnt mit Worten. Seid keine Mitläufer! Übernehmt Verantwortung! Und wenn Euch jemand begegnet, der Euch fremd erscheint, dann lächelt!"

Viel Lächeln und Lachen war an diesem Nachmittag in Berlin mitzuerleben. In der Presse war am Tag danach auch anderes zu lesen. So wurden von einem Wagen des Internationalistischen Bündnisses antiisraelische Parolen verbreitet und zur Unterstützung der gegen Israel gerichteten Kampagne: „Boykott, Deinvestitionen und Sanktionen" aufgerufen. Schon im Vorfeld war es nicht einfach, sich auf einen für alle vertretbaren Aufruftext zu einigen, was schließlich aber doch zu Stande kam. Trotz einzelner Misstöne ist das Experiment gelungen, ein breites Bündnis zu formen, dem sich mehrere hundert Organisationen und bekannte Einzelpersonen anschlossen. Dadurch konnte das wichtige Signal entstehen, das in ganz Deutschland wahrgenommen wurde: „Wir sind viele gegen Rechtspopulismus und Menschenfeindlichkeit." Zur Schwäche der Weimarer Republik gehörte, dass „die Straße" zunehmend mehr links- und rechtsextremen Demonstranten überlassen wurde. Dass die politische Mitte in Deutschland dies heute nicht zulässt, macht Mut. Denn es zeigt, wie stark demokratisches Denken im Bewusstsein vieler Menschen verankert ist.

Heutige Freiwilligenarbeit in Israel

Die Aktion Sühnezeichen Friedensdienste entsendet jährlich etwa 180 Freiwillige in 14 Länder. 22 Einsatzstellen befinden sich in Israel. Mit ihrem Start im Jahr 1961 war sie ein Bahnbrecher für die Aufnahme deutscher Freiwil-

Bundespräsident Steinmeier und seine Frau Elke Büdenbender bei einem Besuch im Beit Ben-Yehuda, 2017

liger dort. Heute arbeiten etwa 1.000 junge Deutsche jährlich in Israel, die von unterschiedlichen Trägern entsandt werden. Anders als am Anfang sind die Partnerorganisationen von Aktion Sühnezeichen Friedensdienste nicht mehr die Kibbuzim, sondern vor allem soziale Einrichtungen wie Heime für alte oder behinderte Menschen und wissenschaftliche Einrichtungen zur historischen Bildung. Langjährige Partner in Jerusalem sind das Leo-Baeck-Institut und die Gedenkstätte Yad Vashem.

Hinzu kommt die individuelle Betreuung alter Menschen, die die Shoa überlebt haben. Oft ist der Dienst der Freiwilligen zweigeteilt: Nach dem Vormittag in einer Einrichtung folgen Besuche bei Überlebenden zum Gespräch oder zu gemeinsamen Spaziergängen. Die Herzlichkeit der Aufnahme, die Offenheit der Gespräche und der oft köstliche Humor der Besuchten sind unvergessliche Erfahrungen für einen jungen Menschen aus Deutschland.

Solche Erfahrungen stiften auch Zusammenhalt. Viele Freiwillige entschließen sich nach der Rückkehr, in einer der Regionalgruppen von „Aktion Sühnezeichen Friedensdienste“ mitzuarbeiten.

Der Konflikt zwischen Israelis und Palästinensern polarisiert. Deshalb finden in den Gruppen der Freiwilligen immer wieder leidenschaftliche Diskussionen statt, die von Identifikation bis zu starker Kritik an israelischer Regierungspolitik geprägt sind. Die Seminar- und Bildungsarbeit im Beit Ben-Yehuda trägt dem Bedürfnis nach Aussprache und differenzierten Perspektiven Rechnung. In der Regel gewinnen die Freiwilligen in dem einen Jahr ihres Dienstes ein hohes Maß an Reflexivität. Sie lernen, dem Bedürfnis zu widerstehen, Konflikte vordergründig auf einfache Täter-Opfer-Schemata zu reduzieren. Sie lernen auch, zwischen Israelkritik und Judenfeindschaft unterscheiden zu können. Den Menschen in Israel – seien es Juden oder Palästinenser – in offener Dialogbereitschaft und praktischer Solidarität nahe zu sein, ist das Ziel von „Aktion Sühnezeichen Friedensdienste“.

Mit dem tödlichen Ernst dieses Konfliktes wurden die Freiwilligen der Jahre 1977/1978 konfrontiert. Während einer viertägigen Studienfahrt zum Abschluss ihres Dienstjahres wurde bei einem Aufenthalt in Nablus von palästinensischen Terroristen eine Nagelbombe in den Reisebus der Gruppe geworfen. Eine Freiwillige und der mitreisende Bruder eines anderen Freiwilligen wurden getötet, fünf Freiwillige verletzt. Diese traumatische Erfahrung begleitet seither die Arbeit in Israel und ist unvergessen.

Projektbericht einer Freiwilligen

Der Reflektion gesammelter Erfahrungen dienen auch die Projektberichte am Ende des freiwilligen Jahres. Eine Freiwillige schrieb im Jahr 2014 über ihre Dienstzeit in Jerusalem:

> „Ich komme nach einem doch etwas anstrengenden, aber wie immer auch sehr netten Vormittag im Frauenhaus vom Spielen mit den Kindern für eine kurze Mittagspause nach Hause, bevor ich mich nach der ‚Schlafstunde' um 16 Uhr wieder auf den Weg zu Bertha mache. Bertha wohnt in Talbya, einem sehr schönen Stadtteil zwischen Rehavia und der Deutschen Kolonie, ziemlich zentral in Jerusalem in einer schönen Wohnung. Während ich die drei Treppen in die 3. Etage nach oben laufe, habe ich schon ein Lächeln auf dem Gesicht und freue mich wie immer ganz besonders auf das Treffen mit Bertha. Die ca. 1,45 Meter kleine Frau mit ihren 97 Jahren wartet schon oben auf mich und empfängt mich mit einem herzlichen ‚Shalom mein Kind, wie schön, dass Du wieder da bist. Komm herein!' Wir setzen uns wie immer zunächst an den kleinen Tisch in der Mitte ihrer Wohnung, ich bekomme ein Glas Wasser mit frischer Nana (Minze) und wir quatschen über den Alltag.
>
> ‚Ich habe gestern all meine Unterlagen durchsucht und was für Dich gefunden, wo ich weiß, dass Dich das interessiert,' sagt sie plötzlich und strahlt. Aus dem Wohnzimmer holt sie eine

Schachtel mit ein paar kleinen Zetteln. Bertha hat angefangen, mir ihre Lebensgeschichte zu erzählen. So zeigt sie mir nun unter anderem eine Bescheinigung für ihre Arbeit in Holland in einem Altenheim im Jahre 1939 kurz vor ihrer Abreise, die Originalbestätigung über ihre Einwanderung nach Palästina und ihre Erlaubnis für die Eröffnung eines Cafés in der Deutschen Kolonie. ‚Weißt Du was, ich will Dir auch noch Fotos zeigen. Da, die Alben, hol die mal herunter', sagt sie nun. Als wirklich sehr besonders empfinde ich es, Einblick in die verschiedensten Phasen des Lebens einer schon so alten Frau zu bekommen und dabei die vielseitigsten Geschichten zu hören.

‚Na, wollen wir los? Da schau, ich hab Dir wieder was vorbereitet.' Zweimal genau abgezählt liegen 3 Schekel und 50 Agorot für den Bus auf dem Regal, und ich packe sie in mein Portemonnaie. [...]

Wir erreichen das Bushäuschen, und genau in dem Moment kommt schon unser Bus, die Nummer 13, angefahren. Sie winkt ihn noch mal extra heran. Das Einsteigen mit ihren kurzen Beinen ist immer etwas schwierig, aber sie sitzt in der ersten Reihe, bevor der Bus typisch israelisch wieder mit richtigem Ruck losfährt. Ich bezahle und setze mich neben sie. Wir schauen aus dem Fenster und sie erzählt mir, wie es hier und dort einmal ausgesehen hat und was es so für Geschäfte gab. ‚Hatahanah habaah Hamelech George' – nächste Haltestelle King George / Ben Yehuda. Wir sind nun in der Innenstadt mit der

Fußgängerzone, steigen aus und laufen Hand in Hand los. An so gut wie jedem kleinen Kiosk und Lädchen, an dem wir vorbeikommen, sagt ihr jemand Hallo. Sie holt ihre Ray-Ban-Brille raus – es ist warm, die Sonne grell. Wir werden von allen Seiten angeguckt und gemustert, angelächelt, und ich höre, wie teilweise die Ladenbesitzer, die schon wissen, wer ich bin, andere Leute aufklären: ‚Nein, das ist nicht ihre Enkelin. Das ist eine Freiwillige aus Deutschland! So ein nettes blondes Mädchen. Und schau mal, wie groß die ist, unglaublich.'

Wir gehen kurz zur Bank und sprechen mit dem Kundenberater. Auf dem Rückweg geht es bergauf. Hier und da werden wir auf der Straße angequatscht und kommen ins Gespräch mit verschiedensten Menschen, was wirklich immer sehr interessant ist. Wir machen Halt in einem kleinen Laden, wo es Lampen zu kaufen gibt und Glühbirnen, gehen in einen Strumpfladen und kaufen Strümpfe und schließlich in einem Kosmetikladen noch Nivea-Creme. Es sind die kleinen Geschäfte, die ich, wenn ich alleine durch die Straßen gelaufen bin, in dem bunten Trubel der Straße meist gar nicht wirklich wahrgenommen habe. Sie haben noch sehr alte Aufschrift, und hinter jedem Tresen steht ein alter Jecke (Bezeichnung für die aus Zentraleuropa eingewanderten Juden) oder einer aus der Nachfolgegeneration, die noch Deutsch sprechen können, und die Bertha natürlich mit Namen kennt. ‚Weißt Du, früher, da gab es in der ganzen King George nur jeckische Geschäfte.'

Wir erreichen Coffix, einen Coffee-to-Go-Laden, der noch ganz neu ist und bei dem es alles für 5 Schekel gibt. Sie betrachtet die Kuchen im Tresen, und wir entscheiden uns für denselben Quarkkuchen mit Frucht, den wir letztes Mal schon so lecker fanden. Ich bringe sie zu einem Tisch, sie drückt mir 20 Schekel in die Hand. ‚Für mich wie immer noch einen Kaffee, aber bitte mit nicht so viel Milch, sag ihnen das.' Ich werde wieder einmal gefragt, ob sie meine Großmutter ist oder woher wir uns denn kennen würden, woher ich komme – das übliche nette Interesse. Wieder bekomme ich noch für uns Orangensaft für umsonst spendiert. Nachdem wir unseren Kuchen verspeist haben, hole ich meinen Block und einen Stift heraus. ‚Na sag, wo waren wir stehen geblieben beim letzten Mal?', fragt sie und fängt schon wieder mit voller Begeisterung an zu erzählen. [...] ‚Hast Du eigentlich ein Lebensmotto, Bertha?', frage ich sie. ‚Man darf die Hoffnung nie aufgeben! Und man sollte das Leben, soweit es möglich ist, nehmen, wie es kommt und sich daran erfreuen – das will ich auch jungen Leuten mit auf den Weg geben!' [...]

Es sind solche Begegnungen im Alltag, die mich in diesem Jahr beeindruckt haben, aus denen ich so viel mitnehmen konnte und die mir immer in Erinnerung bleiben werden. Ich bin sehr dankbar für alles, was ich in diesem Jahr erleben durfte."

Im Westen Jerusalems wurden zwei benachbarte Berge als zentrale Erinnerungsorte des Staates Israel ausgewählt: der Herzlberg und der Gedenkberg. Vom Stadtzentrum aus erreicht man über den Herzlboulevard den Holland-Square. Von dort führt die Straße HaZikaron zu den Eingängen. Die beiden Gedenkstätten sind durch einen kostenlosen Shuttleverkehr miteinander verbunden.

Auf dem Gipfel des Herzlberges liegen das Grab des in Wien geborenen Dr. Theodor Benjamin Ze'ev Herzl, des Gründers der Zionistischen Bewegung, und ein Museum[62], das seinem Wirken gewidmet ist. Darin befindet sich im Herzl-Zimmer auch der Tisch, an dem er 1896 sein einflussreichstes Buch schrieb: „Der Judenstaat – Versuch einer modernen Lösung der Judenfrage". Dessen Kernthese lautet, dass der Antisemitismus unausrottbar sei

Theodor Herzl, 1860–1904

und die Not der Juden nur durch einen eigenen, neuen Staat abwendbar. Ähnlich hatten damals bereits jüdische Vordenker in Osteuropa argumentiert, die unter Pogromen und Unterdrückung im Zarenreich litten. Herzls Botschaft gewann jedoch zusätzlich viele Juden in Westeuropa für die Perspektive einer Rückkehr nach Palästina, dem biblischen Zion.

1897 lud Herzl Gleichgesinnte aus der ganzen Welt zum ersten „Zionistenkongreß“ nach Basel ein. Dessen Verlauf war so bewegend und ermutigend, dass Herzl damals in sein Tagebuch schrieb: „In Basel habe ich den Judenstaat gegründet. Wenn ich das heute laut sagte, würde mir ein universales Gelächter antworten. Vielleicht in fünf Jahren, jedenfalls in fünfzig wird es jeder einsehen.“ 50 Jahre später machte der UN-Teilungsbeschluss für Palästina vom 29. November 1947 die Verwirklichung dieser Vision möglich.

Etwa einen Kilometer südlich des Herzlberges liegt der Berg der Erinnerung. Auf ihm wurde die zentrale Erinnerungsstätte Yad Vashem errichtet, die das Andenken an die von den Nationalsozialisten ermordeten Juden wachhält.[63] Ihr Name ist einem Wort des Propheten Jesaja entnommen:

> „Die meine Sabbate halten und erwählen, was mir wohlgefällt, und an meinem Bund festhalten, denen will ich in meinem Hause und in meinen Mauern ein ‚Denkmal und einen Namen‘ (yad va shem) geben; das ist besser als Söhne und Töchter. Einen ewigen Namen will ich ihnen geben, der nicht vergehen soll [...].“
>
> (Jes 56,3–5)

Yad Vashem, Halle der Erinnerung. Jüdische Gedenkstätte, die an die nationalsozialistische Judenvernichtung erinnert und sie wissenschaftlich dokumentiert.

Inzwischen sind 4,8 Millionen Namen und Lebensgeschichten von Holocaustopfern erfasst und von mehr als 1.500 Freiwilligen digitalisiert worden.

Von den Bauwerken der Erinnerungsstätte ist die „Halle der Erinnerung“ durch offizielle Zeremonien und Staatsbesuche besonders bekannt. Sie ist ein rechteckiger Bau, dessen Mauern aus dunklen, unbehauenen Basaltsteinen aufgeschichtet wurden. In der Hebräischen Bibel lautet die Anweisung für den Bau des Brandopferaltars: „Und wenn du mir einen steinernen Altar machst, sollst du ihn nicht von behauenen Steinen bauen; denn wenn du mit deinem Eisen darüber kommst, wirst du ihn entweihen.“ (Ex 20,25) Eisen galt als Werkstoff für Waffen, an dem Blut klebt.

Über den Basaltmauern der Gedenkhalle erhebt sich ein zeltartiges Betondach. Seine azentrische Spitze ist ein offenes Viereck, ein Lichtfenster und zugleich der Rauchabzug für die ewige Flamme, die in einem zerbrochenen Bronzekelch auf dem Boden der Gedenkhalle brennt. Die Architektur von Arieh Elhanani greift zwei Grundelemente der Frühzeit Israels auf: den Brandopferaltar und das Zelt der Begegnung. Neben der ewigen Flamme befindet sich eine Gruft mit der Asche aus den Vernichtungslagern. Zweiundzwanzig der größten Schreckensorte sind mit ihren Namen in den Hallenboden eingraviert. Sie schwimmen in einem Meer von sechs Millionen Mosaiksteinen.

Vom Eingangsbereich der Gedenkstätte führt die „Allee der Gerechten unter den Völkern“ zur „Halle der Erinnerung“. Links und rechts vom Weg sind Johannisbrotbäume gepflanzt. Neben jedem Baum steht das Namensschild eines Nichtjuden, der unter Lebensgefahr jüdische Menschen vor dem Tod rettete. Bis zum Jahr 2018 wurden 26.973 Menschen in den Kreis der „Gerechten unter den Völkern“ aufgenommen. 616 von ihnen sind Deutsche. Um ihrer würdig zu gedenken, wurde in Ergänzung der Allee ein „Garten der Gerechten unter den Völkern“ angelegt, in dem seit 1996 Platten mit den Namen der Geehrten verlegt werden.

Im Zuge einer großen, bis März 2005 andauernden Umgestaltung wurde unter der „Allee der Gerechten“ eine hohe Tunnelröhre gebaut, die quer durch den Gedenkberg verläuft. In neun Galerien werden in diesem „Museum zur Geschichte des Holocaust“ mit Videoinstallationen, Fotografien, Dokumenten und Kunstwerken die Stationen des Völkermords an den europäischen Juden dargestellt. Am Ende der Ausstellung haben die Besucher durch ein großes, die Tunnelröhre abschließendes Fenster einen weiten Blick auf die grüne und friedliche Landschaft am Hang des Herzlbergs – ein Symbol für Zukunft und Hoffnung.

Janusz Korczak und die Ghettokinder (1979), Skulptur von Boris Saktsier

Am Westhang des Gedenkberges erinnert ein „Tal der Gemeinden" an die mehr als 5.000 jüdischen Gemeinden, die völlig oder teilweise vernichtet wurden. Auf 107 Steinwänden sind ihre Namen eingraviert.

Nahe dem Eingang von Yad Vashem wurde 1987 das „Denkmal für die Kinder" in einem unterirdischen Raum installiert. Die Besucher gehen im Halbdunkel an fünf Kerzen vorbei, die durch ein Spiegelsystem so reflektiert werden, dass ein Sternenhimmel entsteht. Von einem Endlosband werden die Namen der getöteten Kinder, ihr Alter und der Geburtsort vorgelesen. Etwa drei Monate braucht das Band, um alle bekannten Namen der 1,5 Millionen getöteten Kinder vorzulesen.

Auf der Rückseite des Hügels, in den das „Denkmal der Kinder" hinein gebaut wurde, steht das Denkmal für den polnischen Kinderarzt Janusz Korczak, der es im August 1942 abgelehnt hatte, die von ihm betreuten Waisenkinder auf ihrem Weg in den Tod allein zu lassen, und so selbst den Tod im Vernichtungslager Treblinka fand.

Wer Yad Vashem besucht, sollte anschließend Zeit für Ruhe und Nachdenken haben.

Wichtige Ziele in Jerusalem

Israel-Museum[64]

Weithin sichtbar leuchtet das markante Wahrzeichen des Museums: die mit weißen Porzellanplatten belegte Kuppel vom *Schrein des Buches* in der Form des Deckels eines antiken Tonkruges. Die berühmten Schriftrollen vom Toten Meer wurden 1948 in Tonkrügen gefunden. Nun sind uralte biblische Texte aus vorchristlicher Zeit, darunter eine Schriftrolle des Buches Jesaja, unter der weiß schimmernden Kuppel ausgestellt.

Zu den weiteren Abteilungen gehört das *Archäologische Museum*. Die Entstehungszeit seiner Ausstellungsstücke erstreckt sich vom Paläolithikum bis zur islamischen Zeit. Auch Bodenmosaiken aus frühen Synagogen werden gezeigt. Im Westen des Geländes liegt auf Halbkreisterrassen der *Kunstgarten* mit Skulpturen berühmter Bildhauer wie Auguste Rodin oder Henry Moore. Das *Bezalel-Kunstmuseum* zeigt eine eindrucksvolle Sammlung jüdischer Kultgegenstände. Zu ihnen gehört die Bundeslade aus der Maimonides-Synagoge in Kairo.

Im Gartenbereich des Museums ist ein mehrere hundert Quadratmeter großes Modell Jerusalems aufgebaut, das zeigt, wie die Stadt zur Lebenszeit Jesu aussah. Der israelische Historiker M. Avi-Yonah hat auf Grundlage der archäologischen Funde die Entwicklung des Modells beratend begleitet.

Schrein des Buches
Die größten Schätze des Israel-Museums sind die antiken Schriftrollen vom Toten Meer.

Knesset

Dem Israelmuseum gegenüber befindet sich nördlich des Ruppin Boulevards das Regierungsviertel „Kiryat Ben-Gurion“ mit dem Gebäude des israelischen Parlaments, der „Knesset“, was auf Deutsch „Versammlung“ bedeutet. Ihre 120 Abgeordneten kommen hier in der vierjährigen Legislaturperiode zu ihren Sitzungen zusammen. Die große Eingangshalle ist von Wandteppichen und einem Bodenmosaik des Malers Marc Chagall geschmückt. Besichtigungen sind zu bestimmten Zeiten möglich.[65]

Auf dem Platz vor dem Parlamentsgebäude steht eine Menora, ein siebenarmiger Leuchter, als zentrales Symbol des Volkes Israel. Auf den sieben Armen sind in 29 Reliefs entscheidende Ereignisse der jüdischen Geschichte dargestellt. Das fünf Meter hohe, bronzene Kunstwerk, das der Bildhauer Benno Elkan schuf, war ein Geschenk britischer Parlamentarier.

Menora vor der Knesset, ein Geschenk britischer Parlamentarier

Synagoge der Hadassa-Klinik[66]

Etwa acht Kilometer westlich der Altstadt liegt oberhalb der Ortschaft Ein Kerem das Medizinische Zentrum Hadassah, das wegen der zwölf Chagall-Fenster seiner Synagoge weltberühmt ist. In strahlenden roten, blauen, gelben und grünen Farben hat der Künstler die zwölf Söhne Jakobs, die Stammesväter Israels, in fantasievollen Allegorien dargestellt. Die Gestaltung knüpft an Erzählungen aus dem ersten Buch Mose an, die vom Segen Jakobs über seine Söhne berichten (1. Mose 49,1–27). Die Fenster sind jeweils 3,37 Meter hoch und 2,50 Meter breit und erinnern in ihrer Gestalt an romanische Rundbögen. Von der Synagoge sind oberirdisch nur die zwölf Fenster zu sehen. Die Sitzreihen befinden sich im Untergeschoss des von dem amerikanischen Architekten Joseph Neufeld entworfenen Rechteckbaus.

Eins der zwölf Fenster von Marc Chagall (1887–1985) in der Synagoge des Hadassah-Krankenhauses. Sie zeigen die Söhne Jakobs, aus denen später die Stämme Israels hervorgingen.

Von der Hadassah-Klinik führt eine steile Straße an Weinbergen und Olivenbäumen vorbei in das schöne Dorf Ein Kerem hinab, dessen Name auf Deutsch „Weinbergquelle“ bedeutet. Nach christlicher Überlieferung wurde in diesem Dorf Johannes der Täufer geboren. In ihm sind zwei Kirchen über Orten errichtet, die mit Erzählungen der Evangelien verbunden sind. Die katholische **Johanneskirche**, die von einer festungsartigen Klosteranlage umgeben ist, steht über der Grotte, in der sich die Geburt des Täufers ereignet haben soll. Vom linken Kirchenschiff aus können Besucher in die Höhle hinabsteigen. Die Kirche liegt inmitten von Gärten im Ostteil des Dorfes.

Am Berghang gegenüber erhebt sich nahe der Quelle, die dem Ort seinen Namen gab, von hohen Zypressen umgeben die orthodoxe **Kirche der Heimsuchung** oder **Magnifikatkirche.** Fresken in der Kirche zeigen die Erscheinung des Engels Gabriel, der Jesus Mutter Maria und ihrer Cousine Elisabeth die Geburt ihrer Söhne ankündigte (Lk 1,26ff.).

Ein Kerem ist ein guter Ort für eine Rast. Zahlreiche Restaurants laden zum Verweilen ein. Der Wein, der an den Hängen des Tals wächst, wird sehr geschätzt. Er heißt so wie der kleine Fluss, der von hier zum Mittelmeer fließt: Sorek. Empfehlenswert ist das Restaurant „Karma“.[67]

Wasserversorgung der Davidstadt – Archäologische Ausgrabung[68]

Die jebusitische Stadt Jerusalem, die König David um 1000 v. Chr. eroberte und zur Hauptstadt seines Reiches machte, lag auf einem Bergrücken, der sich vom Tempelbezirk aus in südliche Richtung erstreckt. Heute befinden

Die orthodoxe Kirche der Heimsuchung in Ein Kerem, einem kleinen Ort westlich von Jerusalem. Die Kirche wurde über dem Elternhaus und Geburtsort Johannes des Täufers errichtet und damit an der Stelle, wo Maria und Elisabeth einander begegneten und Maria das Magnifikat (Marienlied) anstimmte.

David Roberts (1796-1864), einer der bedeutendsten Vedutenmaler des 19. Jahrhunderts: Eingang zur Gihonquelle unterhalb der Davidstadt

sich dort die Häuser der arabischen Ortschaft Silwan. Die Gihonquelle, welche die Stadt mit Wasser versorgte, lag am Fuße des Berges außerhalb der Stadtmauer. Für den Verteidigungsfall hatten die Jebusiter von oben einen steilen Schacht in den Fels geschlagen, um Wasser mit an Seilen hängenden Eimern schöpfen zu können. Diesen Schacht ist Davids Krieger Joab vermutlich „hinaufgestiegen" (1. Chronik 11,6).

Der judäische König Hiskia hat Ende des 8. Jahrhunderts v. Chr. aus Furcht vor einem Angriff des Assyrischen Reiches diesen Schwachpunkt der Stadtverteidigung dadurch beseitigt, dass er das Wasser der Gihonquelle durch einen 533 Meter langen Kanal in den innerhalb der Stadtmauern liegenden Siloahteich umlenken ließ. Die Ausgrabungen der antiken Wasserversorgung sind sehenswert und durch Informationstafeln gut verständlich.

Tel Aviv, die Stadt am Meer

In Jaffa erhebt sich hinter der **Sankt Peter-Kirche** (siehe S. 129) landeinwärts ein stattlicher Hügel, der als einladende Grünanlage gestaltet ist. Einst lag hier das Zentrum der antiken Stadt Jaffa. Schon in der Bronzezeit wurde auf der Anhöhe eine erste befestigte Siedlung gegründet. Heute befindet sich auf der Spitze des Hügels eine Aussichtsplattform, von der man einen großartigen Panoramablick über ganz Tel Aviv genießen kann: Hinter dem hellen, kilometerlangen Sandstrand ein weites Häusermeer, dessen Silhouette von zahllosen Hochhäusern verwirrend vielgestaltig geprägt wird. Heimat und Begegnungsraum für fast eine halbe Million Menschen.

Es ist kaum vorstellbar, dass die weite Fläche, die man von diesem Standort überblicken kann, am Anfang des 20. Jahrhundert fast ausschließlich von Dünensand bedeckt war. Am 11. April 1909 versammelten sich 66 Familien nördlich von Jaffa und bestimmten durch Los die Zugehörigkeit der Parzellen zu den einzelnen Familien. 132 gesammelte Muschelschalen hatte man zu einer Hälfte mit den Familiennamen und zur anderen mit den Parzellennummern beschriftet. Ein Junge und ein Mädchen zogen gleichzeitig aus jeder Hälfte eine Muschel. Per Muschellos erhielt die Familie des späteren Bürgermeisters Meir Dizengoff die Parzelle 43 zugesprochen. Die aus kleinen Anfängen wachsende Stadt sollte ursprünglich

„Herzliya“ heißen, zu Ehren von Theodor Herzl. Dann aber entschied man sich dafür, den hebräischen Titel seines programmatischen Buches „Altneuland“ zu übernehmen. „Tel“ ist der Begriff für antike Ruinenhügel und steht für „alt“, und „Aviv“, das Frühling bedeutet, steht für „neu“.

Vom Uhrturm in Jaffa, dem Zentrum des „Flohmarktes“ (siehe S. 127) führt die Straße „Eilat Road/Jaffa Road“ zu den Anfängen der Stadtentwicklung. Nach 1,5 Kilometern kreuzt die Jaffa Road die Herzlstraße. Sie war anfangs die zentrale Achse des frühen Tel Avivs. Wendet man

Blick von Jaffa auf den Strand und die Skyline von Tel Aviv. Mehr als drei Millionen Einwohner leben im Großraum dieses wirtschaftlichen Zentrums Israels.

sich an der Kreuzung nach links, so erreicht man nach einem kurzen Weg die breite Fassade des Shalom-Towers, des mit 34 Stockwerken ersten Hochhauses der Stadt und des Landes Israel. 1965 wurde es auf einem Gelände fertiggestellt, auf dem vorher das Herzliya-Gymnasium stand, die erste Schule dieser Art in Palästina. Mehrere benachbarte Gebäude an der Herzlstraße dienten der Unterbringung der in entfernteren Landesteilen beheimateten

Schüler. Im Erdgeschoss und im ersten Stock des Hochhauses befinden sich großflächige Mosaiken, die anschaulich auch von der Geschichte der Schule und ihres Umfelds berichten. Ebenso findet man im ersten Stock Architekturmodelle zur baulichen Entwicklung des alten Stadtkerns, und ein Bistro lädt zur Erfrischung ein.[69]

Wer sich eine längere Erholungspause in ansprechender Umgebung wünscht, sei auf das Restaurant „Suzana" hingewiesen, das vom Shalom Tower aus in wenigen Minuten zu erreichen ist. Unter dem dichten Blätterdach alter Bäume sitzend kann man dort aus einem leckeren und vielfältigen Angebot israelischer Speisen wählen.[70] Im Sommer öffnet die Bar auf dem Dach und es wird empfohlen, nach einem kühlen Bier und einer Brise vom Meer zu greifen. Das Restaurant liegt am westlichen Rand der Siedlung „Neve Tzedek".

Schon 22 Jahre vor der Gründung Tel Avivs hatten orientalische Juden das überfüllte Jaffa verlassen und diese mehr dörfliche Siedlung mit niedrigen Häusern westlich der Jaffa Road erbaut. Die dynamische Entwicklung von Tel Aviv bewirkte später eine Abwanderung aus Neve Tzedek und einen fortschreitenden Verfall der dem Seeklima ausgesetzten alten Häuser. Zeitweilig wurde ebenso wie bei der Templersiedlung Sarona über eine Neubebauung nachgedacht. Doch der Abriss des Herzliya-Gymnasiums, in dem einst die Elite des Landes ausgebildet worden war, hatte im Nachhinein zu einer heftigen Debatte und schrittweise zu einem neuen gesellschaftlichen Bewusstsein geführt, das auch Bauinvestoren zu berücksichtigen haben. Seit den 1980er Jahren wurde in die alten Häuser von Neve Tzedek viel Geld investiert und ein neues modisches und teures Viertel entstand. Prominente und reiche

Bürger wie Roman Abramovich, der Besitzer des Londoner Fußballclubs Chelsea F. C., oder Israels berühmteste Schauspielerin und Hollywood-Star Gal Gadot erwarben hier Häuser. Sanierung durch Gentrifizierung hat Neve Tzedek gerettet, auch wenn die heutige Nutzung zu dem Namen des Viertels „Wohnort der Gerechtigkeit" nicht mehr so richtig passt.

Die weiße Stadt

Unweit des Shalomtowers liegt der Anfang des Rothschildboulevards, eine der ersten Entwicklungsachsen der neuen Stadt. Die beiden Fahrbahnen der Straße sind durch eine breite, baumgesäumte Fußgängerzone voneinander getrennt. Die beiden Stadtplaner Richard Kauffmann und nach ihm Patrick Geddes entwarfen der Meeresküste entlang eine Gartenstadt mit parallel zum Meer verlaufenden Hauptverkehrsstraßen. Eine der ersten war der Rothschildboulevard. In Ost-West-Richtung werden diese Hauptstraßen von Wohnstraßen gekreuzt, deren westliche Enden stets Ausblick auf das Blau des Meeres geben. Vom Corbusier-Schüler Zeev Rechter stammt die Idee der geständerten Häuser, die auf schmalen Stützen stehen. „Unter dem Haus spielen die Kinder, sitzt man im Schatten, schwatzt, trinkt Kaffee, arbeitet, schaut. Gesund soll gebaut werden, luftig, ganz anders als in den engen arabischen Städten."[71]

Seit der Machtübernahme von Adolf Hitler stieg die jüdische Zuwanderung nach Palästina sprunghaft an. Von 1931–48 wurden für die Neubürger in Tel Aviv etwa 4.000 Häuser errichtet. Gebaut wurde im Internationalen Stil,

Dizengoff Square, der einzige „Bauhaus"-Platz der Welt.
Die zu einem großen Teil im Bauhaus-Stil errichtete Weiße Stadt. der alte Stadtkern von Tel Aviv, ist seit 2003 UNESCO-Weltkulturerbe.

oft von ebenfalls geflüchteten Architekten. Siebzehn von ihnen hatten am Bauhaus in Dessau studiert. Die Neubauten wurden den klimatischen Bedingungen angepasst. Tiefe Balkone sorgen für Schatten, Windkanäle dienen dazu, die Meeresbrise einzufangen, ebenso die schräg gestellten Betonlamellen. Die Häuserfronten sind hell gestrichen, weil Weiß das Sonnenlicht reflektiert. Die Dächer sind flach und dienen den Bewohnern in den Abendstunden auch als Treffpunkt und zum Ausblick aufs Meer. Rund 1.000 der Gebäude stehen inzwischen unter Denkmalschutz. Im Jahr 2003 hat die UNESCO diesen Teil Tel Avivs, die „Weiße Stadt", zum Weltkulturerbe erklärt.[72]

Die Fußgängerzone des Rothschildboulevards bietet einen schattigen Weg durch den südlichen Teil der Weißen Stadt. Er endet am HaBima Square (siehe S. 126). Von dort führt der Chen Boulevard zum Dizengoff Square. Gestaltet hat den einzigen „Bauhaus-Platz" der Welt die damals erst

24 Jahre alte Architektin Genia Averbuch. Im Gegensatz zu den planerischen Vorgaben von Patrick Geddes entwarf sie einen runden Platz mit einer begrünten Oase als Zentrum: Feigenbäume, Palmen, ein großer Springbrunnen und viele Bänke laden zum Verweilen ein. Drumherum Häuser mit elegant geschwungenen Fassaden, wie das Kino Esther, das inzwischen ein Hotel geworden ist.

> „Wer bislang gerne in Frankfurt, Wien, Berlin oder Hamburg gelebt hatte, wollte als Flüchtling vor den Nationalsozialisten nicht unbedingt in einen Kibbuz gehen. Tel Aviv versprach Urbanität, es gab Theater, Konzerte, Kinos [...]. Die Jeckes machten Tel Aviv so gut wie möglich zu ihrer zweiten Heimat. Sie errichteten Kaffeehäuser, Pensionen und Hotels, führten das Kuchenessen auf dem Balkon und in den Läden Schaufensterauslagen ein.“[73]

Die Templerkolonie Sarona

Von der Südseite des Dizengoff Square führt die Dizengoff Straße, die im weiteren Verlauf „Eliezer Kaplanstraße“ heißt, zu den im 19. Jahrhundert erbauten Siedlungshäusern (Ecke Da Vinci Street). 37 der historischen Bauten liegen südlich des Kaplan Boulevards. Sie waren durch eine geplante Straßenverbreiterung der wichtigen Verkehrsader bedroht. Das Verteidigungsministerium, das die Gebäude nach der Staatsgründung Israels für seine Zwecke nutzte, verkaufte diesen Teil der Siedlung an einen Bauentwickler, der vier Häuser – unter ihnen das Gemeindehaus – hydraulisch versetzte, um ihren Abriss zu verhindern. Für 120 Millionen Euro wurden die 37 Gebäude nachhaltig renoviert und mit ansprechenden Grünanlagen umgeben. Um diesen historischen Kern errichtete der Bauinvestor 17 Hochhäuser mit Wohnungen, Büros und Hotels. Im Jahr 2013 wurde das neue Viertel eröffnet. Einige der alten Häuser werden gastronomisch genutzt. In der ehemaligen Kellerei hat der Sternekoch Ran Shmueli ein Restaurant eröffnet.[74] Eines der Häuser hat seine ursprüngliche Innenausstattung zurückerhalten und vermittelt als ein kleines Museum eine Vorstellung davon, wie das häusliche Leben der Templer aussah. In einem der Arbeitsräume wird die erste maschinelle Olivenölpresse des Nahen Ostens gezeigt.[75]

Sarona war eine landwirtschaftliche Ausgründung der Templerkolonie in Jaffa. Bald nach der Ankunft der ersten württembergischen Siedler in Haifa im Jahr 1869 ergab sich die Möglichkeit, ein aufgegebenes Missionsprojekt amerikanischer Christen in Jaffa zu übernehmen. Fünf Häuser wurden angekauft. Zu dem größten von ihnen gehörten eine Dampfmühle, ein Sägewerk, eine Ölpresse und eine Apotheke. Das zweitgrößte Gebäude war ein Hotel mit 19 Zimmern. In den drei anderen Häusern gab es einen Laden, ein Uhrmachergeschäft, eine Schlosser- und eine Zimmermannswerkstatt.[76] Sehr bald investierten die Siedler Geld in den Aufbau eines Transportbetriebes. Schon 1875 besaßen sie in Jaffa 23 Pferde und 40 Kutschen. Das englische Reisebüro Cook schloss einen Vertrag über die Beförderung ihrer Kunden von Jaffa nach Jerusalem mit der Tempelgesellschaft ab. Die fünf Häuser befinden sich in der Auerbach und der Baer Hoffmann Street. Das einstige Hotel der Templer dient auch heute noch seinem ursprünglichen Zweck. Der heutige Name lautet: Hotel Drisco.[77]

Restaurierte Templerhäuser in Sarona

Unzufrieden blieben die Landwirte unter den Siedlern der Jaffa-Kolonie. Grundstücke in der näheren Umgebung hatten einen zu hohen Preis. Schließlich konnte im Herbst 1871 im heutigen Nord-Tel Aviv ein Gelände erworben werden, wo sich zunächst vierzehn Kolonisten mit ihren Familien niederließen. Gleich im ersten Jahr traf sie das Unglück, dass zahlreiche Siedler an Malaria erkrankten. Vier Familienväter starben. Später wurde viel Geld in das Trockenlegen von Sümpfen investiert, wozu auch eine große Zahl von Eukalyptusbäumen angepflanzt wurde. Das erworbene Land gehört geographisch zum südlichen Rand der S(ch)aron-Ebene, woher sich der Name der dritten Templersiedlung in Palästina ableitet: Sarona.

Die Böden und das Klima eigneten sich auch für Weinanbau. Im Herbst 1892 konnten im Keller der Winzergenossenschaft etwa 3.000 Hektoliter Wein gekeltert werden. Bekannte Marken der Kellerei waren „Sarona rot", „Perle von Jericho" und „Jaffa Gold". Auch nach Deutschland wurde der Wein verkauft. Später führte die Konkurrenz durch jüdische Weingüter zu einem Preisverfall. Die Siedler reagierten darauf mit der Rodung eines beträchtlichen Teils ihrer Weinstöcke und dem Umstieg auf den Anbau von Citrusfrüchten. Das Produkt „Jaffa-Orangen" leitete die wirtschaftliche Erholung der Kolonie ein.[78] Im Jahr 1910 lebten 250 Menschen in Sarona.

Regierungssitz Sarona

Am Vorabend des 15. Mai 1948 wurde der Traum, den Theodor Herzl und so viele andere Juden geträumt hatten, Realität. Acht Stunden vor Beendigung des britischen Völkerbundmandats versammelte sich der Provisorische Staatsrat der Juden in Palästina im Museum von Tel Aviv.[79] David Ben Gurion, der Vorsitzende der zionistischen Exekutive, proklamierte nach zweitausendjähriger Zerstreuung die Wiedergeburt des jüdischen Staates:

> „Im Land Israel stand die Wiege des jüdischen Volkes, hier wurde sein geistiges, religiöses und politisches Antlitz geformt, hier führte es ein Leben staatlicher Selbständigkeit, hier schuf es seine nationalen und universalen Kulturgüter und schenkte es der Welt das unsterbliche „Buch der Bücher". Mit Gewalt aus seinem Land vertrieben, bewahrte es ihm in allen Ländern der Diaspora die Treue und hörte niemals auf, um Rückkehr in sein Land und Erneuerung der politischen Freiheit in ihm zu beten und auf sie zu hoffen. [...]

Wir strecken allen Nachbarstaaten und ihren Völkern die Hand zum Frieden und auf gute Nachbarschaft entgegen und appellieren an sie, mit dem in seinem Land selbständig gewordenen jüdischem Volk in gegenseitiger Hilfe zusammenzuarbeiten. Der Staat Israel ist bereit, seinen Anteil an der gemeinsamen Anstrengung beizutragen, den ganzen Vorderen Orient zu entwickeln. [...]

In sicherem Vertrauen auf den Hort Israels unterzeichnen wir zur Bekundung dessen eigenhändig die Proklamation in der Sitzung des Provisorischen Staatsrates auf dem Boden des Heimatlandes, in der Stadt Tel Aviv, heute, vor Eingang des Sabbats, am 5. Tage des Monats Ijar 5708, dem 14. Mai 1948.“[80]

Schwere Kämpfe brachen sofort über den jungen Staat herein. Schon am nächsten Morgen rückten die Armeen aller angrenzenden Staaten gegen Israel vor: Ägyptens, Transjordaniens, Syriens und des Libanon sowie Truppenkontingente des Iraks, Jemens und Saudi-Arabiens.

In dieser Zeit wuchs der Kolonie Sarona eine neue Rolle zu. Nach der Internierung der Templer zu Beginn des Zweiten Weltkriegs hatte zunächst die britische Verwaltung die leerstehenden Häuser genutzt. Nach dem Abzug der Engländer boten sie sich als Sitz für die Behörden des neuen Staates Israel an. Ministerpräsident Ben Gurion zog mit seinem Stab in das Haus des Templers Wilhelm Aberle.

Weitere Häuser dienten der israelischen Armee, die nach der Staatsgründung von „Haganah“ in „Zahal“ umbenannt wurde. In den geschützten Räumen der großen

Weinkellerei bauten Soldaten 15 Flugzeuge aus geschmuggelten Einzelteilen zusammen. Verkauft hatte sie die Tschechoslowakei aus Beständen der besiegten deutschen Wehrmacht. In dem Museum von Sarona ist ein Ausstellungsraum der neuen politischen Rolle der Templerhäuser gewidmet. Ab Februar 1949 zogen die israelischen Behörden nach Westjerusalem um. Nur das Verteidigungsministerium blieb in Tel Aviv und nutzt die Siedlerhäuser nördlich der Eliezer Kaplanstraße noch heute für seine Zwecke.

Israel konnte sich nach monatelangen und für beide Seiten verlustreichen Kämpfen in diesem „Unabhängigkeitskrieg“ behaupten. Im Frühjahr 1949 wurden nacheinander Waffenstillstandsabkommen mit Ägypten, Transjordanien und Syrien geschlossen. Gegenüber dem UN-Teilungsbeschluss hatte Israel beträchtliche Geländegewinne erzielt: Westgaliläa und ein breiter Landkorridor von der Küstenebene nach Osten, der die Verbindung mit Jerusalem sicherte, waren hinzugekommen.

Waffenstillstand bedeutete nicht Frieden und Verständigung. Den Zorn der arabischen Bevölkerung über den aus ihrer Sicht enttäuschenden Kriegsausgang bekamen vor allem die in arabischen Staaten lebenden jüdischen Minderheiten zu spüren. Ihre Bezeichnung als „sephardische Juden“ hängt mit dem im Mittelalter für das Land Spanien gebrauchten hebräischen Namen: Sefarad zusammen. Als die spanischen Juden im Zuge der christlichen Rückeroberung des Landes nach Nordafrika und in andere Teile des osmanischen Reiches vertrieben wurden, brachten sie sowohl ihre Bezeichnung Sephardim als auch die von ihnen gesprochene Mischsprache, das Ladino oder Spaniolisch, dorthin mit. Damals entstanden etwa in Griechenland und Bulgarien, aber auch im galiläischen Safed große Gemeinden geflüchteter Juden. Der Name Sephardim wurde schließlich zur umfassenden Bezeichnung aller orientalischen Juden. In der Regel begegnete die islamische Mehrheitsgesellschaft den Juden über Jahrhunderte mit Toleranz. Die Staatsgründung Israels aber führte zu Anfeindungen und Verfolgungen der jüdischen Minderheiten. Fast eine Million sephardischer Juden, die in arabischen Staaten lebten, entschlossen sich daher Anfang der 1950er Jahre zu einer Einwanderung nach Israel.

Der Zionismus war von seinem Ursprung her ein Projekt der aschkenasischen Juden. „Askenas" ist ein biblischer Stammesname (1. Mose 10,3), der seit dem Mittelalter im rabbinischen Schrifttum zur Bezeichnung der in Deutschland lebenden Juden gebraucht wurde. Als durch die Verfolgung der Juden in der Epoche der Kreuzzüge viele von ihnen nach Osteuropa flüchteten, nahmen sie ihren Namen und die hebräisch-deutsche Mischsprache, das Jiddische, in die neue Heimat mit. „Aschkenasim" wurde so zu einer Sammelbezeichnung für das europäische Judentum. Im Jahr 1948 hatten noch 80 Prozent der jüdischen Bevölkerung Israels eine euro-amerikanische Herkunft. Durch die Zuwanderung aus arabischen Staaten und die höhere Geburtenzahl in sephardischen Familien, sind die Herkunftsgruppen inzwischen fast gleich groß:

> „Erstmals hielten sich beide Herkunftsgruppen in Bezug auf die Wahlberechtigten im Jahr 1984 die Waage. Mit anderen Worten: Genau die Hälfte der Wahlberechtigten war euro-amerikanischer oder afro-asiatischer Herkunft. Seit 1992 überwogen wieder die Euro-Amerikaner aufgrund der russisch-jüdischen Einwanderung."[81]

In Israels Gesellschaft mussten Menschen mit äußerst unterschiedlichen Vorbedingungen zu einem friedlichen Zusammenleben finden. Freiberufler aus Europa trafen auf „Juden aus dem Atlasgebirge, die zum Teil aus Höhlenstädten kamen, nie ein Auto gesehen und nie auf einem Stuhl gesessen hatten.“[82] Die gemeinsame Sprache und die lange Militärdienstzeit von Frauen und Männern dienten der Integration. Dennoch ist die israelische Gesellschaft bis heute stark multikulturell geprägt.

Das Jahr 2020 brachte eine überraschende Entwicklung. Verschiedene arabische Staaten begannen, ihre Beziehungen zu Israel zu normalisieren. Der innerislamische Konflikt zwischen Schiiten und Sunniten und US-amerikanische Diplomatie hatten den Weg dazu geöffnet. Es ist zu hoffen, dass diese Veränderung auch Chancen bringt, den Friedensprozess zwischen Israelis und Palästinensern neu zu beleben. Für ermutigende Veränderungen spricht auch, dass sich im Juni 2021 erstmals in der Geschichte Israels mit der Ra'am Partei eine arabische Fraktion der Knesset an der Bildung einer neuen Regierung beteiligte.

Beit Hatefutsot – ANU Museum of the Jewish People

Im Norden Tel Avivs – jenseits der Mündung des Yarkonflusses ins Mittelmeeer – steht auf dem Gelände der Universität ein äußerst sehenswertes Museum. Im Beit Hatefutsot, dem Haus der Zerstreuung, wird auf eindrucksvolle Weise vor Augen geführt, welche Vielfalt und welchen kulturellen Reichtum die aus über 70 Ländern einwandernden Menschen mitbrachten. An der Eingangswand stehen die Worte:

Juden der Welt
dies ist die Geschichte
von Menschen
die über alle Erdteile
zerstreut wurden
und (doch) eine Familie sind
ein Volk, das viele
zum Untergang verurteilten
und das aus der Asche erstanden ist
eine Geschichte, jahrtausendealt
und immer neu.[83]

Synagogenmodelle aus allen Ländern der Diaspora werden gezeigt, aus Deutschland die Synagoge aus Worms und die Innenansicht der später daran angebauten Raschi-Kapelle. Auch durch moderne Technik und audiovisuelle Darstellungen wird das jüdische Leben in der „Zerstreuung“ anschaulich gemacht.

Nach einer grundlegenden Renovierung wurde das Museum im März 2021 unter dem neuen Namen: ANU Museum of the Jewish People neu eröffnet.[84]

Die von den Einwanderern mitgebrachte Vielfalt ist Reichtum, aber zugleich auch die Ursache vieler Integrationsprobleme, die Israel bis heute beschäftigen. Einen wesentlichen Beitrag zur Integration leistete die zu neuem Leben erweckte hebräische Sprache. Ihr Vorkämpfer war Eliezer Ben-Yehuda (siehe S. 17). Im November 1922, einen Monat vor seinem Tod, gelang es ihm, den britischen Hochkommissar, Herbert Samuel, davon zu überzeugen, Hebräisch neben Arabisch und Englisch zur offiziellen Amtssprache zu erheben. Seit seiner Ankunft in Palästina im Jahr 1881 forschte er an der hebräischen

Im „ANU Museum of the Jewish People“: Die Synagoge in Worms geht auf das 1034 gestiftete Gebetshaus zurück und wurde seitdem mehrfach zerstört und neu aufgebaut. Sie stellt eine wichtige Sehenswürdigkeit der Stadt dar, die meist in Verbindung mit dem alten jüdischen Friedhof besucht wird. Unten ein Modell der angebauten Rashi-Kapelle. Oben Innenansicht der Männer-Synagoge mit Lesepult und Toraschrein

Sprache. Er schuf neue Wörter, um eine alltägliche Kommunikation zu ermöglichen, und machte sie über die von ihm herausgegebene Zeitung „HaTzewi“ bekannt. Parallel arbeitete er an einem Hebräischen Wörterbuch, das schließlich 17 Bände umfasste.

Ben-Yehuda setzte seine Hoffnung darauf, dass die neuhebräische Sprache, das Ivrit, über die Kinder zu einer natürlichen Grundlage der Kultur werden würde. Sein Sohn beschrieb in seiner Autobiographie, dass sein Vater ihn früh ins Bett schickte, wenn Besuch kam, der kein Hebräisch sprechen konnte. Bis zum vierten Lebensjahr sprach das Kind kein Wort. Nachbarn fürchteten schon, dass er verblöde.

Eines Tages ritt Ben-Yehuda auf einem weißen Esel nach Jaffa. Gerade als die Mutter ihrem Sohn auf Russisch ein Wiegenlied sang, stand plötzlich der Vater in der Tür. Er hatte wegen eines plötzlichen Schneefalls umkehren müssen. Ben Avi beschrieb, was dann folgte: „Ich war schockiert, als ich meinen Vater wütend und meine Mutter weinend sah. Vater warf seinen Schreibtisch um, auf dem er sein Wörterbuch verfasste, und die Blätter flogen durch das Zimmer.“ Ben-Yehuda war empört, dass die Mutter ihr Versprechen gebrochen hatte, mit dem Sohn nur Hebräisch zu sprechen. „Ich entriss mich der Umarmung meiner Mutter, ging auf ihn zu und rief: „Abba [Vater]!“ Dies war mein erstes Wort auf Hebräisch.“ Der aufgebrachte Vater beruhigte sich. Es war erreicht, was er angestrebt hatte: Sein Sohn sprach als Erstsprache Hebräisch.[85]

In den 1930er Jahren flüchteten viele Juden aus Deutschland, Österreich und Tschechien nach Palästina. Wie gingen sie mit den sprachlichen, kulturellen und wirtschaftlichen Herausforderungen ihrer neuen Heimat um?

„Soll ich Ihnen was sagen von mir? Ich kann einigermaßen Ivrit, und ich fühle mich durchaus als ein Israeli, aber im Grund, im tiefsten Grund, bin ich natürlich ein Deutscher geblieben."[86] Dieses berührende Bekenntnis des 94jährigen Dr. Fritz Wolf steht am Anfang des Films „Nahariyade" des Regisseurs David Witztum über die aus Deutschland stammenden Gründer der Küstenstadt Nahariya. Am 6. April 2004 wurde er erstmals im israelischen Fernsehen gezeigt.

Werbeinserat aus dem „Mitteilungsblatt"

Ein Jahrzehnt nach dem Tod von Eliezer Ben-Yehuda begann die fünfte Einwanderungswelle nach Eretz-Israel, die bekannt ist als die „Jeckes-Einwanderung" (1933–1939). Von den Juden in Deutschland, Österreich und der Tschechoslowakei, die seit Hitlers „Machtergreifung" im

Die Ben-Yehuda Straße in den 1940er Jahren, eine der bekannten Straßen in der „Weißen Stadt“, dem Bauhaus-Viertel in Tel Aviv

Jahr 1933 von den Nationalsozialisten verfolgt wurden, flohen viele nach Palästina. Sie wurden scherzhaft „Jeckes“ genannt, weil sie auch bei hohen Temperaturen noch ein Jackett bevorzugten. Etliche dieser deutschsprachigen Flüchtlinge ließen sich in der Rechov („Straße“) Ben-Yehuda in Tel Aviv nieder, was dieser Straße in Ivrit den Spitznamen „Rechov Ben-Yehuda Straße“ eintrug: ein kleiner Spott über das Festhalten der „Jeckes“ an der ihnen vertrauten Sprache.

Die Jeckes verstanden sich selbst als Europäer in der Levante und bestanden darauf, die deutsche Kultur zu bewahren. Es war die deutsche Sprache, die das tägliche Leben der Einwanderer dominierte.

> „Wir hatten die allerallerbesten Absichten. Im Lift[87] hatten wir deutsche Tüchtigkeit, Ordnungssinn, Disziplin, Pflichtgefühl, natürlich zusammen mit Mayer‘s Konversationslexikon und dem Porzellan Friedrichs des Großen mitgebracht. Das alles wollten wir zum Wohl und zum Segen unserer auferstandenen Volksgemeinschaft einsetzen.“[88]

Der Integrationsprozess im neuen Land war jedoch mit vielen Herausforderungen und Schwierigkeiten verbunden. In der levantinischen Realität litten die Flüchtlinge unter der Hitze, dem Chaos, dem Schmutz und nicht weniger unter dem Versuch, mit den Schwierigkeiten des Ivrits umzugehen, der von Ben-Yehuda und anderen aus dem biblischen Hebräisch erschaffenen modernen Standardsprache.

Und so entstand, zeitgleich mit dem Wurzelschlagen der Neuankömmlinge im Land im Verlauf der 1930er und

Jeckes in Palästina, 1930er Jahre

1940er Jahre, das sogenannte gesprochene Jeckisch oder „Sabre-Deutsch“. Es ist eine Sprache, in der sich die Begegnung der Flüchtlinge mit dem Orient und seinen Bewohnern, mit den anderen Einwanderern im Land und deren Sprachen sowie mit den einzigartigen historischen Bedingungen widerspiegelt. Die Redewendungen, Ausdrücke und Idiome des Sabre-Deutsch waren in Jeckes-Häusern im ganzen Land verbreitet: in den Städten, in Dörfern und Kibbuzim. Sie verkörpern ein kultursprachliches Phänomen, das bis heute ein authentischer Beweis für die einstige komplexe Lebenswelt der jüdischen Flüchtlinge aus dem deutschen Sprachraum ist.

Das Zwei Heimaten-Dilemma spiegelte sich in ihrer alltäglichen Sprache wider: Die Sehnsucht der Jeckes nach der zurückgelassenen Kultur und ihr Wunsch, ihre europäische Vergangenheit zu bewahren, werden von dieser Sprache reflektiert. Ähnlich dem Genre der „Jeckes-

Witze“ zeigt das gesprochene Jeckisch nicht nur Versuche, sich dem neuen Land, seiner vielfältigen Bevölkerung und seinen Bräuchen zu nähern, sondern zugleich auch einen erheblichen Teil ihrer Kritik und Selbstdifferenzierung von der lokalen Kultur.

Jeckmeyer arbeitet in einer Fabrik, wo bis 16.00 Uhr gearbeitet wird. Der Boss aber geht immer schon um 15.00 Uhr nach Hause und kurz darauf verduften auch die meisten Arbeiter – nur Herr Jeckmeyer nicht. Nachdem ihn alle damit aufgezogen haben, geht er eines Tages auch um viertel nach drei und wie er nach Hause kommt, findet er seinen Boss bei seiner Frau im Bett. Voller Schrecken schließt er die Tür: „Donnerwetter, beinahe hätte er mich erwischt!“

Im ganzen Land waren – und sind noch bis heute – Witze von und über Jeckes verbreitet. Sie wurden von den Jeckes selbst, aber auch von den anderen Bewohnern des Landes geliebt und gern erzählt. Durch Stereotypen und Übertreibungen bis an die Schmerzgrenze dienten sie dem Ziel, Jeckes-Identität und kulturelle Differenzierung zu unterstreichen. Zum Beispiel wird über Jeckes gesagt, sie sprächen den traditionellen jüdischen Geburtstagswunsch „Bis 120!" nicht nur aus, sondern der, dem gratuliert wird, strebe das ihm Gewünschte hinfort mit Ausdauer und Konsequenz – eben in seiner jeckischen Art – zielstrebig an.[89]

Warum leben Jecken länger?
Weil sie es ernst nehmen, wenn man ihnen sagt:
„Sei gesund bis 120!"

In ihrer wöchentlichen Zeitschrift „Mitteilungsblatt", die seit 1932 veröffentlicht wurde und seit 2004 als zweimonatliches Magazin unter dem Namen „Yakinton" erscheint, findet man zahllose Hinweise auf die Herausforderungen und Schwierigkeiten, mit denen die Jeckes in ihren frühen Jahren im Land zu kämpfen hatten.[90] Nicht nur in den redaktionellen Beiträgen, sondern auch in den Werbeanzeigen der Zeitschrift, deren Illustratoren hauptsächlich aus dem mitteleuropäischen Kulturkreis stammten, sehen wir das Image, das diese Bevölkerungsgruppe sowohl in den Augen anderer Bewohner des Landes als auch in ihren eigenen Augen genoss. Die Anzeigen vermitteln auf visuelle Weise das gesprochene Jeckisch oder „Deutsch made in Erez-Israel", und sind ein Spiegel des Zeitgeistes jener Epoche.

In den Reklametexten sind die Illustrationen nicht nur eine Dekoration für Worte; eher sind sie selbst ein visueller Text. Die Illustrationen erzählen von der Sehnsucht der Jeckes nach ihrer deutschsprachigen Heimatkultur, die ihnen den Rücken gekehrt hatte, ebenso wie von ihren Anpassungsversuche an den neuen Ort und seine Lebensbedingungen. Zugleich betonen sie die Differenz zu der lokalen Kultur.

Im Jahr 2012, achtzig Jahre nach der Flüchtlingswelle der Jeckes, wurde ein Lexikon veröffentlicht, das das kulturell-sprachliche Erbe dieser einzigartigen Gemeinschaft im Altneuland (Theodor Herzl) dokumentiert.[91] Die letzten Jeckes dieser Generation durften miterleben, wie dieses Lexikon-Album zu einem Bestseller in Israel wurde – eine Anerkennung und ein Beweis für ihre Präsenz und ihren Beitrag.

Heute ist es möglich, die Spuren der Jeckes in verschiedenen Lebensbereichen des modernen Hebräisch in Israel wahrzunehmen. Viele der Ausdrücke, die auf der Kultur basieren, welche die Jeckes in den 1930er Jahren nach Israel mitbrachten, verwuchsen über Generationen hinweg mit der hebräischen Sprache und bereicherten sie. Durch Anekdoten, Sprachausdrücke und Witze, die in der israelischen Kultur Wurzeln geschlagen haben, sind die Besonderheiten der Jeckes heute allen Israelis bekannt.

Werbeinserate aus dem „Mitteilungsblatt“

Spuren der Feinheiten des früheren Lebens finden sich noch in vielen Bezeichnungen von Gegenständen, die damals im alltäglichen Leben verwendet wurden. Die Unterscheidung zwischen einem „Teelöffel" und einem „Eierlöffelchen", zwischen einem „Messer", einem „Obstmesser" und einem „Buttermesser", zwischen einem „Sommermantel", einem „Regenmantel" und einem „Übergangsmantel": All diese Differenzierungen waren in der Sprache des Landes unbekannt, weil die entsprechenden Geschirrteile oder Kleidungsstücke vor der Ankunft der Jeckes überhaupt nicht vorhanden waren.

„Diese asiatische Wüste" nannten die Jeckes unter sich den neuen Ort, der nun ihre Heimat war. Ausdrücke wie „Ordnung muss sein" oder „so eine Schweinerei" reflektieren ihr Erstaunen gegenüber der vorgefundenen Realität. Eine orientalisch-geographische Anpassung traf den abfälligen Terminus „er ist ein Esel", der zu „er ist ein Kamel" wurde.

Andererseits haben sich viele Ausdrücke angesichts der Begegnung mit Jeckes und ihrer Genauigkeit, Gründlichkeit und Ernsthaftigkeit auch auf Hebräisch etabliert. So ist es heutzutage üblich, jemanden zu bitten, dass er „Punkt" zwei Uhr zu einem Meeting komme. Viele Gerichte wurden dem israelischen Menü hinzugefügt, und nicht nur dem Menü der „Feinschmecker": etwa „Wiener Schnitzel", „Kartoffelsalat" und „Strudel mit Schlagsahne". Natürlich hat jedes Gericht sein genaues „Rezept" und jedes Gerät oder Möbelstück wird mit einem speziellen „Prospekt" geliefert. So soll es sein!

Beispiele für Wörter und Ausdrücke
aus dem Jeckischen, die in der hebräischen
Sprache Wurzeln geschlagen haben:

Delikatessen
Diese asiatische Wüste
Dummkopf
Er ist ein Kamel
Es klebt von Dreck
Fantastisch
Feinschmecker
Kaputt
Ordnung muss sein
So eine Schweinerei
Spiegelei
Spielerei
Spitz
Stammtisch
Wunderbar

Beispiele für Wörter, die Dinge beschreiben,
die es vorher im Land nicht gab:

Apfelstrudel mit Sahne
Morgenrock
Buttermesser
Sommermantel
Eierlöffel
Übergangsmantel

Ein Teilstück der Schnellstraße 482, die vom Norden Tel Avivs nach Herzliya führt, trägt den Namen „Pinchas Rosen“ und erinnert an einen wichtigen Politiker des Landes. Vorwiegend waren Zionisten aus Osteuropa wie Ben Gurion oder Menachem Begin für die politische Gestalt des entstehenden Staates Israel bestimmend. Eine Ausnahme bildet der aus Deutschland zugewanderte Pinchas Rosen, der zu den Gründungsvätern des neuen Staates zählt. Der unter dem Namen Felix Rosenblüth geborene Berliner war promovierter Rechtsanwalt, als er Deutschland 1926 mit Ziel Palästina verließ. Schon in seiner Studentenzeit hatte er 1912 den „Jüdischen Wanderbund Blau-Weiß“ mitbegründet. Von 1920 bis 1923 war er Vorsitzender der Zionistischen Vereinigung für Deutschland.

Politische Unterstützung fand er unter den liberal eingestellten Jeckes von Tel Aviv, die ihn zwei Jahrzehnte lang in die Knesset wählten und die von ihm gegründete Partei „Miflaga Liberalit Jisraelit“ unterstützten. In der Zeit von 1948 bis 1961 wurde er dreimal zum Justizminister des Landes ernannt. Beim Aufbau des Gerichtswesens berief er zahlreiche deutschstämmige Juristen. Die Historikerin Fania Oz-Salzberger, die Tochter des Schriftstellers Amos Oz, beschrieb in einer Untersuchung deren Rolle so:

> „Die in Deutschland ausgebildeten Richter und Rechtsgelehrten bildeten das Rückgrat des israelischen Rechtssystems in seinen ersten drei formativen Jahrzehnten nach der Staatsgründung. Sie wurden zur Hauptstütze der Gewaltenteilung;

ihnen war eine besondere Mischung aus zionistischem Engagement, kulturellem Optimismus und einem Sinn für jüdische und europäische Identität eigen, kombiniert mit Professionalität und kontinuierlichem Liberalismus.“[92]

Als Justizminister setzte er sich auch für die Aufnahme diplomatischer Beziehungen zur Bundesrepublik Deutschland ein. Verwirklicht wurde dieses Ziel im Jahr 1965. Verantwortlich begleitete er im ersten Kabinett von Ministerpräsident Ben Gurion die Verhandlungen mit der Bundesrepublik über deutsche Reparationszahlungen. Diese Frage war in Israel leidenschaftlich umstritten. Am 7. Januar 1952 beantragte Ben Gurion die Zustimmung der Knesset zur Aufnahme offizieller Verhandlungen mit der Bundesregierung. Auf einer großen Kundgebung nahe der Knesset wühlte Menachem Begin mit einer aufpeitschenden Rede die Gefühle der Zuhörenden auf:

„[...] An diesem Tag schickt sich der jüdische Regierungschef an zu verkünden, dass er nach Deutschland reisen will, um Geld in Empfang zu nehmen, dass er die Ehre des jüdischen Volkes gegen Geld verkauft und es dadurch mit ewiger Schande bedeckt. [...] Es gibt keinen Deutschen, der nicht einen unserer Angehörigen auf dem Gewissen hätte. Jeder Deutsche ist ein Nazi. Jeder Deutsche ist ein Mörder. Adenauer ist ein Mörder. Alle seiner Mitarbeiter sind Mörder. Aber denen da oben geht es bloß ums Geld, Geld, Geld. Für ein paar Millionen Dollar geht man hin und übt schändlichen Verrat.“[93]

Von der Kundgebung ging Begin direkt in die Knesset, um das Wort zu ergreifen. Die ihm folgenden Zuhörer durchbrachen die Polizeisperre und bewarfen das Parlamentsgebäude mit Steinen. Zweiundneunzig Polizeibeamte und sechsunddreißig Demonstranten wurden verletzt. Zur Abstimmung ließ sich ein Abgeordneter nach einem Herzanfall auf einer Tragbahre in den Sitzungssaal bringen. Der Regierungsantrag wurde mit einundsechzig gegen fünfzig Stimmen angenommen. Die Abstimmung ebnete den Weg zum „Luxemburger Vertrag“, in dem sich die Bundesrepublik zu Sachleistungen in Höhe von 3 Milliarden DM an den Staat Israel und zu individuellen Entschädigungen für Überlebende von 500 Millionen DM verpflichtete.

Reuven Rivlin, der bis zum 9. Juli 2021 Staatspräsident Israels war, hat sich in seiner Rede vor dem Deutschen Bundestag am 29. Januar 2020 dazu bekannt, zu den leidenschaftlichen Kritikern dieses Vertrages gehört zu haben, und beschrieben, wie er heute darüber denkt (siehe S. 20).

Wichtige Ziele in Tel Aviv

Tel Aviv Museum of Art[94]

Die Kunsthalle ist ein besonderer Schatz der Stadt. Sie verfügt über die weltweit größte Sammlung israelischer Kunst aus den vergangenen siebzig Jahren. Auch internationale Kunst aller wichtigen Stilrichtungen des 20. Jahrhunderts wird ausgestellt, ebenso Fotografie und Design-Installationen. Das Museum erhielt einen großen Teil

Der Erweiterungsbau des Tel Aviv Museums of Art –
Herta and Paul Amir Building (Foto) aus dem Jahr 2011

seiner Bestände durch großzügige Schenkungen. So stiftete im Jahr 1950 Peggy Guggenheim ihm 36 bedeutende Werke.

Architektonisch spektakulär ist der Erweiterungsbau, das Herta and Paul Amir Building aus dem Jahr 2011. Wie ein gerade gelandetes, weißschimmerndes Raumschiff schließt der neue, von Preston Scott Cohen entworfene Museumsflügel an den 1971 fertiggestellten Altbau an. Schmale Lichtbänder und überraschende Sichtachsen kennzeichnen ein Gebäude, in dem man sich verlaufen kann. Zwei Räume von 244 Quadratmeter Größe tragen den Namen „Galerie der deutschen Freunde“ und verweisen auf die finanzielle Beteiligung Deutschlands. Eröffnet wurde der Neubau mit der Ausstellung „Bruch der Gefäße“ des deutschen Künstlers Anselm Kiefer.

Das **Habima-Nationaltheater**[95] gab dem Platz seinen Namen. Ursprünglich hieß eine Schauspielergruppe aus Moskau so, die nach der Oktoberrevolution dort entstanden war. 1928 wanderte ein Teil des Ensembles nach Palästina aus. Das Theater wurde 1933 nach Plänen des in Berlin geborenen Architekten Oskar Kaufmann gebaut, der schon in seiner Geburtsstadt verschiedene Theaterbauten entworfen hatte, darunter die *Kroll-Oper* und die *Volksbühne*. Im Jahr 2012 wurde der ursprüngliche Bau unter der Leitung des israelischen Architekten Ram Karmi restauriert und um mehr als 500 Quadratmeter erweitert.

Südlich vom Theater schließt sich ein einladender Gartenbereich mit Grashügeln, Wasserbassins und Skulpturen an, der zwei weitere Kulturinstitute umschließt: den **He**-

Habima-Nationaltheater: Das historische Gebäude aus den 1930er Jahren wurde ab 2007 vom israelischen Architekten Ram Karmi neu errichtet und 2012 wiedereröffnet.

LENA RUBINSTEIN PAVILLON[96] für Ausstellungen zeitgenössischer Kunst und das **CHARLES BRONFMAN AUDITORIUM**[97], die mit fast 2.500 Sitzplätzen größte Konzerthalle der Stadt und Hauptspielstätte des Israel Philharmonic Orchestra. Eröffnet wurde das Forum 1957 mit einem Konzert des Pianisten Arthur Rubinstein. Das Orchester leitete an diesem Abend Leonard Bernstein. Der Park des Kulturzentrums ist durch seine entspannte Atmosphäre ein beliebter Platz zum Rasten und für ein Picknick.

Der Flohmarkt in Jaffa[98]

Nahe dem pittoresken Uhrenturm des alten Jaffa, der 1906 zum Thronjubiläum des Sultans erbaut wurde, gehören viele Straßen und kleine Gänge zu diesem besonderen

Uhrenturm in Jaffa aus osmanischer Zeit

Markt mit seiner hundertjährigen Tradition. Die Besucher erwartet ein origineller Mix aus Geschäften, Boutiquen, Ständen, Cafés und Restaurants. Hier lässt sich fast alles erwerben: Bekleidung, Möbel, Haushaltswaren – darunter Lampen, Leuchter und handgeknüpfte Teppiche – sowie Requisiten aus der israelischen Armee. Ein guter Ort, um sein Geschick für nahöstliche Verhandlungstechniken zu erproben und zu schulen.

Auch die kulinarische Vielfalt ist groß. Sie reicht von frisch gepresstem Saft und Falafel-Ständen bis zu griechischen Tavernen und Sterne-Restaurants.

Sankt Peter-Kirche in Jaffa[99]

Auf dem Steilhang über dem Hafen liegt als ein Wahrzeichen des alten Jaffas eine dem Apostel Petrus geweihte Kirche. Das Altarbild stellt dar, warum dieser Ort für die urchristliche Gemeinde so bedeutungsvoll wurde: Petrus, der im Haus des Gerbers Simon wohnte, erlebte bei einem Gebet auf dem Dach des Hauses eine Vision. Sie inspirierte ihn, den römischen Hauptmann Cornelius und seinen Anhang auf dessen Bitte hin zu taufen, obwohl sie nicht beschnitten waren (Apg 10). Seit dieser Entscheidung setzte sich Petrus gemeinsam mit Paulus im Kreis der Apostel für die Mission der Heiden ein: eine entscheidende Weichenstellung für die Entstehung der christlichen Kirche.

In einer Gasse, die von der Kirche zum Hafen hinab führt, steht eine kleine Moschee, die nach christlicher Überlieferung auf den Fundamenten von Simons Haus erbaut wurde. Das einst arabische Viertel am Steilhang ist in

Über dem Hafen von Jaffa: Die Sankt Peter-Kirche wurde ursprünglich 1654 erbaut, im 18. Jahrhundert zwei Mal zerstört. Der heutige Bau stammt aus dem Jahr 1894. Das Gebäude im Stil des Neobarock ist mit Bleiglasfenstern des Münchners Franz Xaver Zettler ausgestaltet. Zum Gebäude gehört ein Glockenturm.

den vergangenen Jahrzehnten in ein malerisches Künstlerviertel verwandelt worden, mit zahlreichen Galerien und Ateliers.

MUSA – Museum von Israel[100]

Nördlich der Yarkon-Mündung wurde der Ruinenhügel Tel Qasile durch Ausgrabungen erschlossen. Vermutlich wurde die Anhöhe im 12. Jahrhundert zunächst von den

Ausgrabungsfunde aus der Frühzeit Israels

Philistern besiedelt. Auch ein zentraler Tempel wurde entdeckt. Heute liegt der Hügel im Zentrum eines Museumskomplexes von 15 Gebäuden, in denen die Vielfalt und die Geschichte Israels abgebildet werden. Dazu gehören Abteilungen über Münzwesen, antike Glasware, Entwicklung der Schriftgeschichte, ein Keramikmuseum und Funde aus den frühgeschichtlichen Kupferbergwerken von Timna, die nördlich des Roten Meers in der Nähe von Eilat entdeckt wurden.

Haifa

Ein herrlicher Panoramablick über die Meeresbucht von Haifa bis hin zu der 25 Kilometer entfernten Küstenstadt Akko belohnt Wanderer, die den fast 300 Meter hohen Hang des Carmelberges erklommen haben. Von hier blickt man auch auf die vergoldete Kuppel des Bahai-Schreins, des Wahrzeichens Haifas, hinab.[101] Der Bau entstand unmittelbar nach der Staatsgründung Israels (1948–53). Seit dem Jahr 2001 ist er von 18 Gartenterrassen umgeben, neun oberhalb und neun unterhalb des Schreins, die sich über 1.000 Meter den Hang hinab erstrecken. Das Gebäude ist das Mausoleum des Religionsgründers und Märtyrers Sayyid Ali Mohammed el-Bab, den die persische Regierung 1850 öffentlich erschießen ließ. Der Bahai-Glaube versteht sich als Zusammenfassung der bisherigen Religionen auf dem Weg des Zusammenwachsens der Menschen zu einer dem Frieden und dem sozialen Fortschritt verpflichteten Menschheit. Auf dieses Ziel hätten Jesus, Mohammed und alle anderen von dem einen Gott entsandten Propheten hingearbeitet – so lautet ihre Überzeugung.

Unterhalb des Bahai-Parks bestimmen die roten Ziegeldächer der „German Colony“ das Stadtbild bis hinab zum Hafen. Als die ersten Siedler aus Württemberg 1869 hier sesshaft wurden, lebten in der kleinen Stadt Haifa, die einen Kilometer östlich lag, erst 4.000 Menschen, eng bei eng und von einer Stadtmauer umschlossen. Einen Hafen gab es nicht. Schon unmittelbar nach ihrer Ankunft sah sich Christoph Hoffmann, der Vorsitzende der Tempelgesellschaft, darin bestätigt, den richtigen Ort für eine Ansiedlung ausgewählt zu haben:

> „[Denn] durch seine Lage, sein Klima und die sonstigen Verhältnisse bietet [Haifa] Vortheile [sic!], die wir an keinem Ort so vereint gefunden [...] hätten. Unter anderen Umständen hätte hier längst eine große Stadt entstehen müssen, die eine Landstraße nach dem Innern und einen Seehafen zur Aufnahme der Schiffe haben könnte.“[102]

Die Uferzone, wo die deutschen Siedler später mit dem „Kaiserdamm“ eine Hafenmole anlegten, um 1898 Kaiser Wilhelm II. gebührend empfangen zu können, wird heute

Der Bahai-Schrein (Grabmal) und die wunderschönen Gärten des Bab, des Religionsstifters der Bahai-Religion, gelten als Wahrzeichen der Hafenstadt Haifa.

von den gewaltigen Mauern des Dagon-Silos geprägt. Der 68 Meter hohe Getreidespeicher ist mit einem Fassungsvermögen von 90.000 Tonnen einer der größten der Welt.

Die erste Templer-Kolonie

Im Vorstand der Tempelgesellschaft war neben Christoph Hoffmann der aus Ludwigsburg stammende Georg Friedrich Hardegg ein bestimmendes Mitglied. Bei einem Aufenthalt in Brüssel im Jahr 1830 hatte er sich für die Idee einer Revolution gegen die adlige Vorherrschaft begeistert und kehrte in seine Heimatstadt zurück, um für eine deutsche Republik zu kämpfen. Dort wurde der junge Revolutionär bald inhaftiert und zu 14 Jahren Gefängnis verurteilt. Die Haft nutzte er für eine intensive Lektüre der Heiligen Schrift. Hoffmanns Kritik an der bestehenden Ordnung und der angestrebte Aufbruch nach Palästina, wo sich Christen wieder an der Urgemeinde orientieren sollten, sprachen ihn an. Anders als Hoffmann, der auf die Unterstützung seines Plans durch einen deutschen Fürsten hoffte, drängte Hardegg dagegen auf praktische Taten und Eigeninitiative. Dieser Charakterzug wirkte sich auch auf sein Gemeindeverständnis aus. In den Gemeinschaften der Templer sollten Kranke – so wie es einst in der frühchristlichen Kirche geschah – durch Geistesgaben und Gebete geheilt werden. Hoffmann stand dieser Erwartung eher skeptisch gegenüber.

Als sich Hardegg und Hoffmann schließlich am 6. August 1868 auf den Weg nach Palästina machten, waren die Meinungsunterschiede und Spannungen zwischen den beiden inzwischen so groß, dass sie eine klare Teilung ih-

Kolonie der Templergesellschaft, Haifa 1877

rer Aufgaben beschlossen, um Streitigkeiten vorzubeugen: Hoffmann sollte in Palästina für die geistliche Ausbildung zuständig sein, während Hardegg die praktische Durchführung der Siedlung oblag. Eine gute Möglichkeit für eine räumliche Trennung der beiden Männer bot Anfang 1869 das Angebot, ein aufgegebenes Missionsprojekt amerikanischer Christen in Jaffa zu übernehmen. Im April 1869 übersiedelte Hoffmann nach Jaffa und zog in eines der amerikanischen Häuser ein.

Alex Carmel beschreibt, wie sorgfältig die Anlage der Kolonie in Haifa vorbereitet wurde:

> „Der Plan Hardeggs [...] sah vor, eine Straße entlang der schon erworbenen Grundstücke zu legen und zunächst fünf Häuser auf jeder Straßenseite zu bauen. Zwei Reihen von Bäumen sollten der 100 Fuß breiten Straße Schatten spenden. So

wurde die ‚Carmel Avenue' geschaffen: das Rückgrat der zukünftigen Siedlung, die Krönung des deutschen Bauens in Palästina und noch heute eine der schönsten Straßen Israels. Der Platz, den Hardegg für die neue Kolonie ausgesucht hatte, lag eine Viertelstunde vom Nordwesttor der Stadt entfernt inmitten einer unbesiedelten Fläche. Dies erlaubte es der Kolonie, die auf einer Seite ans Meer grenzte, sich in Zukunft in drei Richtungen zu entfalten. Diesen Vorteil hatte Hardegg natürlich gesehen."[103]

Er bat die Leitung in Deutschland, zunächst zehn Familien auszuwählen, zu denen zwei Weinbauern, ein Landwirt, ein Baumeister und ein Bodenfachmann gehören sollten. Jede der Familie sollte einen Vertreter nach Haifa entsenden, um das für sie vorgesehene Haus ihren Bedürfnissen entsprechend herzurichten. Entsandt wurden nur Siedler, die in der Anfangszeit ihren Lebensunterhalt aus eigenen Rücklagen finanzieren konnten. Gläubige und bemittelte Templer wurden gesucht; die Enttäuschung im Kreis der ärmeren Ausreisekandidaten nahm der Vorstand in Kauf. Vorrangig war das Ziel, den Start der Ansiedlung erfolgreich zu gestalten.

Im Verlauf des Jahres 1870 wurden weitere Grundstücke gepachtet und mit dem Bau einer Parallelstraße begonnen. Die Zahl der Siedler erreichte 120 Personen. Diese begannen ab 1871, mit Erfolg Wein an den Hängen des Carmels oberhalb der Kolonie anzubauen. Der Name des Berges erwies sich als gutes Omen: Carmel bedeutet auf Deutsch „Weinberg Gottes". Der Kauf großer Grundstücke in der Nähe des Dorfes Tirat ha-Karmel entwickelte sich dagegen zu einem Fehlschlag. Die Böden erwiesen sich als wenig fruchtbar. Hinzu kamen erhebliche Ernteverluste durch Diebstähle. Etliche Bauern gaben damals die Landwirtschaft auf und wandten sich anderen Verdienstquellen zu, wie sie Transport, Touristendienste, Handel und Industrie, Baugewerbe und Handwerk boten.[104]

Besonders bedeutend war die Tätigkeit der Siedler im Transportgewerbe, weil vor ihrer Ankunft im Land Wagen zum Waren- und Personentransport dort noch nicht in Gebrauch waren. Schon kurz nachdem sie in Haifa waren, eröffneten sie einen regelmäßigen Kutschendienst entlang der Küste zwischen ihrem Wohnort und Akko. 1873 gewannen sie das lateinische Kloster in Nazareth und einige arabische Großgrundbesitzer dafür, sich an einem Ausbau des Weges von Haifa nach Nazareth finanziell zu beteiligen. Seit 1875 verkehrten täglich Kutschen der Templer zwischen beiden Städten. Im Jahr 1910 waren es 20 Kutschen pro Tag, und ebenso viele Wagen verkehrten täglich zwischen Haifa und Akko. Logieren konnten die Touristen und Pilger im ersten modernen Hotel Haifas, dem „Karmelhotel“, das die Siedler im Zentrum ihres Wohngebietes errichtet hatten.

1910 standen in der Kolonie bereits 216 Wohnhäuser und 106 Wirtschaftsgebäude. Die Zahl der Einwohner war auf 750 gestiegen. Die Siedler betrieben zehn Handelshäuser, die u. a. Baumaterialien, landwirtschaftliche Maschinen, Haushaltsgeräte, Chemikalien und Arzneien lieferten. Sie vertraten die großen Schifffahrts- und sieben Versicherungsgesellschaften. Außerdem bauten und betrieben sie drei Dampfmühlen, eine große mechanische Bau- und Möbeltischlerei und eine Fabrik für Zementprodukte. In der zionistischen Zeitung Hapoel Hazair wurde 1907 über den Einfluss der Deutschen in Haifa geurteilt:

„[Es findet sich] in ganz Palästina keine Siedlung (außer vielleicht Petah-Tiqwah), deren Bewohnern es so gut geht wie den Deutschen. Vor dreißig Jahren waren sie ohne alles hergekommen [...] und jetzt gibt es unter ihnen sogar Millionäre [...]. Die Deutschen übertreffen mit ihrem Fleiß alle, und mit ihrer Geduld und Klugheit bei der Arbeit und im Handel haben sie die Stadt fast erobert.“[105]

Inzwischen erstreckten sich die Häuser der Templer nicht nur vom Mittelmeer aus hangaufwärts. Auch auf der Hochfläche des Berges, die sich an den Hang anschließt, besaßen die Deutschen inmitten eines großzügig angelegten Pinienhains 16 Wohnhäuser, darunter ein Hotel und zwei Erholungsheime.

Die Palästinareise Kaiser Wilhelms II.

Am 25. Oktober 1898 erreichte die kaiserliche Jacht „Hohenzollern“ Haifa. Ziel des Kaiserpaares war die Teilnahme an der Einweihung der Erlöserkirche in Jerusalem (siehe S. 31). Schon 1893 hatte der Kaiser den Architekten Friedrich Adler und sein Team nach Jerusalem entsandt und in der Folgezeit an der Entwicklung des Kirchenbaus durch das Abzeichnen von Entwurfszeichnungen persönlich Anteil genommen.

In verschiedenen europäischen Zeitungen wurden der Kaiserreise dagegen andere Motive unterstellt. In der französischen Zeitung „Le Matin“ war am 17. Oktober 1898 zu lesen, die Landung in Haifa mit seiner großen deutschen Kolonie solle der Vorbereitung einer deutschen

Ankunft des deutschen Kaiserpaares in Haifa, Oktober 1898

Flottenbasis dienen. Die von Alex Carmel eingesehenen Aufzeichnungen der deutschen Admiralität widerlegen allerdings diese Deutung. Da es einige Jahre zuvor bei der Einschiffung des österreichischen Kaisers Franz Joseph auf der Reede vor Jaffa beinahe zu einem Unglück gekommen war, hatte die deutsche Marineleitung das Aus- und Einschiffen in der geschützten Bucht von Haifa empfohlen. Der Kaiser schrieb in die ihm schriftlich vorgelegte Reiseplanung neben das Wort Haifa die Frage: „Wo ist denn das?“[106]

Die deutschen Siedler in Haifa waren außer sich vor Freude über den angekündigten Besuch des Kaiserpaares. Je unwahrscheinlicher angesichts arabischer und jüdischer Zuwanderung die Hoffnung der Gründergeneration wurde, dass Palästina zum Erbe der Templer bestimmt sei, je mehr näherten sie sich emotional dem deutschen Patriotismus der wilhelminischen Ära an. In kurzer Zeit wurde die Hauptstraße der Kolonie durch einen „Kaiserdamm“ ins Meer hinein verlängert und eine kleine Hafenmole zum Anlegen der Marinebarkassen geschaffen. In den Anfangsjahren der Siedlung hatte der deutsche Konsul in Beirut den Templern dringend geraten, die deutsche Staatsangehörigkeit nicht aufzugeben, weil nur dann ein gewisser Schutz gegen willkürliche Entscheidungen der osmanischen Behörden möglich wäre. Deshalb wurden die Männer auch zur Ableistung ihres Wehrdienstes nach Deutschland berufen. Die innere Beziehung zu dem Monarchen, der ihre Sicherheit garantierte, war eng.

Nach 670 Jahren betrat erstmals wieder ein deutscher Kaiser den Boden des Heiligen Landes und bestieg mit seinem Gefolge den Berg Carmel. Von dort, wo heute die Panoramastraße verläuft, sahen die Besucher auf die Kolonie und das östlich von ihr gelegene Städtchen Haifa hinab. Später haben die Siedler an dieser Stelle zur Erinnerung an den Besuch ein Kaiser-Wilhelm-Denkmal errichtet und mit einem kleinen „Kaiserin Auguste-Viktoria-Wäldchen“ umgeben. 1918 von englischen Truppen zerstört, wurde der Obelisk 1982 auf Initiative Alex Carmels restauriert und in Anwesenheit von Prinz Louis Ferdinand, dem Enkel Kaiser Wilhelms, festlich eingeweiht.[107]

Bei dem Obelisken handelt es sich wahrscheinlich um das einzige wieder hergestellte Denkmal Wilhelms II. weltweit. Dabei spielte gewiss eine Rolle, dass der Kaiser zu Beginn seiner Orientreise in Konstantinopel Theodor Herzl empfangen und ihm Unterstützung für das zionistische Projekt zugesagt hatte. Doch als der Kaiser dem Sultan Abdülhamid Herzls Anliegen vortrug, wurde es von diesem schroff zurückgewiesen. Seiner Tochter erzählte der Sultan anschließend. „Die Juden können sich ihre Millionen sparen. Wenn einst mein Reich geteilt ist, können

Kaiser-Wilhelm-Denkmal, 1982 restauriert

sie Palästina vielleicht umsonst bekommen. Aber nur unser Leichnam kann zerlegt werden.“[108] Dass der deutsche Kaiser nicht aus einem Gefühl von Judenfreundschaft seine Hilfe gewährte, legt sein handschriftlicher Kommentar zu einem Bericht über den zweiten Zionistenkongress (August 1898) nahe: „Ich bin sehr dafür, dass die Mauschels nach Palästina gehen, je eher sie dorthin abrücken, desto besser.“[109]

Am Tag nach dem Empfang im Garten des deutschen Konsulats setzte die kaiserliche Delegation ihre Reise fort. Kutschiert wurde der Kaiser von einem ortskundigen Mitglied der Kolonie auf der ausgebesserten Landstraße nach Jaffa. Nach einer Übernachtung in einem Zeltlager in der Nähe von Cäsarea erreichten sie am nächsten Tag die kurz vor Jaffa gelegene Templerkolonie Sarona, wo dem Kaiserpaar wiederum ein begeisterter Empfang bereitet wurde.

Friedrich Keller war von Beruf Metzger. 1862 schloss er sich der Tempelgesellschaft an und wurde ab 1863 zum Evangelisten ausgebildet. Er und seine Frau gehörten zu den ersten Siedlern, die 1869 einen Bauplatz in der künftigen Kolonie erwarben. 1878 wurde er zum Kaiserlichen Vizekonsul für Haifa berufen. Ein besonderes Verdienst erwarb er sich dadurch, dass es ihm gelang, einen langjährigen Streit mit dem Orden der Karmeliter beizulegen, der eine Ausdehnung der deutschen Siedlung auf die Hochfläche des Berges verhindert hatte. Die Familie Keller baute das erste der dort entstehenden 16 Häuser. Gewiss war es ein besonderer Höhepunkt seines beruflichen Lebens, als er am 18. Oktober 1898 das Kaiserpaar auf den Berg Carmel begleiten und die Gäste mit ihrem Gefolge im Garten seines Hauses festlich empfangen konnte. Bald nach dem Bau der ersten Häuser gründeten Mitglieder der Tempelgesellschaft den „Carmel Verschönerungsverein“. Eine der Aktivitäten des Vereins bestand darin, an vielen Stellen der bis dahin kahlen Hochfläche Pinienbäume zu pflanzen. Damals entstand die immergrüne Bergkuppe, die heute ein natürliches Wahrzeichen der Stadt Haifa ist.

Heute ist das „Keller-Haus“ der Sitz des „Gottlieb-Schumacher-Instituts“ der Universität Haifa.[110] Die Forschungsarbeit vieler Jahrzehnte über die Templer – unzählige Briefe, Bilder, Dokumente und Alben – werden hier gesammelt und aufbereitet. Auf weiten Reisen durch Europa hat Alex Carmel, unterstützt von seinen Assistenten, zahlreiche Nachkommen von Templern besucht. Oft haben die Besuchten den Forschern wichtige Erinnerungsstücke mitgegeben, die jetzt in der zentralen Forschungs- und Erinnerungsstätte aufbewahrt werden. Besichtigungen des Hauses sind nach Rücksprache möglich und empfehlenswert.

Die Mehrheit der Templer begrüßte in den 1930er Jahren die Machtübernahme der Nationalsozialisten. Wie viele Auslandsdeutsche weltweit hofften sie auf einen nationalen Aufbruch, der das Ansehen Deutschlands in der Welt erhöhen und ihnen selbst mehr Rückhalt geben würde. Der Antisemitismus der NSDAP wurde von vielen maßlos unterschätzt und als ein Relikt der Kampfzeit angesehen, das sich durch die übernommene Regierungsverantwortung abmildern würde.

Beim Ausbruch des Zweiten Weltkriegs wurden die Angehörigen der Tempelgesellschaft von der britischen Mandatsregierung interniert. 665 von ihnen wurden mit dem Truppentransporter „Queen Elizabeth“ nach Australien verschifft. Weitere 1.000 Templer wurden im Verlauf des Krieges gegen fast 900 Juden aus Konzentrationslagern ausgetauscht. Einzelheiten einer über die Türkei als Transitland verwirklichten Austauschaktion hat Klaus Hillenbrand in einem bewegenden Buch beschrieben.[111]

Die meisten der in Palästina verbliebenen Templer wurden nach dem UN-Teilungsbeschluss von der britischen Mandatsverwaltung nach Zypern gebracht. Von dort konnten sie entweder nach Deutschland oder Australien weiterreisen. Die noch in der Templerkolonie von Jerusalem lebenden Deutschen mussten bis zum 13. April 1950 das Land verlassen. Damit gingen 80 Jahre des Aufbaus landwirtschaftlicher Siedlungen und wirtschaftlicher Entwicklung des Landes zu Ende, dessen Erben sie hatten werden wollen.

Für eine Besichtigung der gut erhaltenen ersten Siedlung der Templer vertraut man sich am besten einer kundigen Führung an.[112]

Stadtteil Hadar HaCarmel – Das jüdische Haifa

Entstehung

Noch vor dem Ersten Weltkrieg entstanden auf dem Carmelhang oberhalb der Altstadt die Anfänge einer jüdischen Siedlung. Ihre weitere Entwicklung wurde in den Jahren ab 1920 von dem deutsch-jüdischen Architekten Richard Kauffmann mitgeprägt, der sich ebenso wie bei seinen Aufträgen in Jerusalem (Rechavia) und Tel Aviv am Leitbild einer Gartenstadt und dem Internationalen Stil orientierte. Zusammen mit den älteren Bauten ergab sich in dem Stadtteil ein interessantes Miteinander von modernen europäischen und arabischen Stilelementen. In den 1930er bis zum Ende der 1970er Jahre schlug in Hadar HaCarmel das kulturelle und wirtschaftliche Herz Haifas.

Bereits 1912 wurde hier der Grundstein für den Bau des Technions, der ersten technisch naturwissenschaftlichen Hochschule des Landes, gelegt. Zur Vorgeschichte der Gründung gehört die Palästinareise von Paul Nathan, dem Direktor des „Hilfsvereins der deutschen Juden“. Er suchte nach einem geeigneten Standort für die Errichtung einer technischen Hochschule. Nach seiner Rückkehr fiel aufgrund seines Votums die Entscheidung für Haifa und gegen Jerusalem. Vermutlich haben die von den Templern aufgebauten Fabriken und Verkehrswege diese Wahl mit beeinflusst.

Architekt des neuen Bauwerks mit seiner orientalisch anmutenden Sandsteinfassade war der in Berlin geborene Alexander Baerwald. Seit den 1910er Jahren war er mit Bauten und Siedlungsentwürfen in Palästina beschäftigt, in denen er schulbildend einen neuen Eretz-Israel-Stil kreierte, der europäische und lokale arabische Elemente miteinander verband. So kombinierte er orientalisierende Rundbögen mit ziegelgedeckten Giebeldächern, die sonst die Siedlungen der Templer kennzeichneten. Das Gebäude des Technions war Teil eines Hadar HaCarmel prägenden Ensembles, zu dem auch das Hebräische Realgymnasium gehörte, das damals von dem Berliner Philologen Arthur Biram geleitet wurde.

Viele der Professoren des Technions stammten aus Deutschland und wollten in ihrer Muttersprache unterrichten. So hatte es sich auch der „Hilfsverein der deutschen Juden" vorgestellt, der das Projekt maßgeblich unterstützte. Im Februar 1914 wurde dann aber – am Ende eines „Sprachenstreits" – Hebräisch als Unterrichtssprache festgelegt. Und das Technikum wurde in Technion umbenannt. 1924 wurde der Lehrbetrieb aufgenommen. 1948 im Jahr der Staatsgründung Israels hatte das Technion bereits 680 Studenten in den Fächern Bauingenieurwesen, Architektur und Industrietechnologie. Weil ein weiteres Wachstum am bisherigen Standort nicht möglich war, wurde das Technion 1953 an den nordöstlichen Stadtrand Haifas verlegt, was den Aufbau von acht weiteren Fakultäten in den 1960er Jahren erlaubte. Das ehemalige Technikumsgebäude beherbergt heute das Israelische Nationalmuseum für Wissenschaft, Technologie und Raumfahrt, das „Madatech".

Das alte Gebäude des Technion (oben)
Interaktives Museum Madatech (unten)

Das alte Gebäude des Technions ist mit der U-Bahn „Carmelite“ gut zu erreichen. Die Bahnstrecke führt vom Zentrum der Altstadt, dem Pariser Platz „Kikar Paris“, schnurgerade zum Gipfel des Karmelberges hinauf. Wer in Haifa mit dem Zug ankommt, steigt am besten an der Station „HaShmona“ aus. Mit dem Auto Anreisende finden Parkgaragen in der Nähe des Pariser Platzes. Von der Station „Massada“ führt ein kurzer Weg zum Museum Madatech.[113]

Das interaktive Museum in dem traditionsreichen Gebäude des Technions begeistert besonders auch Kinder, denn alle Besucher werden – altersgerecht – zu aktiver Teilnahme an faszinierenden wissenschaftlichen Experimenten ermuntert. Zwischendurch laden der große Innenhof und die vielgestaltige Pflanzen- und Blütenpracht der Gartenanlagen zu einer Pause und einem kleinen Picknick in der Sonne ein. In dem nach Norden gelegenen Garten ragen zwei große Palmen in die Höhe. Sie wurden 1923 von Albert Einstein und seiner Frau Elsa anlässlich ihres Besuches der ersten naturwissenschaftlichen Hochschule des Landes gepflanzt.

In der Nachbarschaft des Museums sind zahlreiche Wohnhäuser im Bauhaus-Stil errichtet worden. Obwohl viele von ihnen renovierungsbedürftig sind, ist die Schönheit ihrer architektonischen Form erkennbar geblieben. In den 1930er Jahren kamen mit der fünften Einwanderungswelle viele Flüchtlinge aus dem deutschsprachigen Raum nach Hadar HaCarmel. Oberhalb des Museums verlaufen zwei Parallelstraßen, die Rechov Massada und die Rechov Hillel, in denen besonders viele Jeckes lebten. Damals erhielten sie Spitznamen: „Rechov“ ist das hebräische Wort für „Straße“. Bald sprach der Volksmund mit Blick auf die Parallelstraßen von „Rechov Massada Straße“ und „Rechov Hillel Straße“. Das Wort „Straße“, genannt auf Hebräisch und zusätzlich auf Deutsch, verwies auf die Zähigkeit der Zuwanderer, an der mitgebrachten Sprache und Kultur festzuhalten (siehe S. 114).

Heute gibt es in den beiden Straßen, die durch Treppen und kleine Wege miteinander verbunden sind, zahlreiche Studenten-Cafés und kleine Bars. Selbst an heißen Sommertagen lassen sich hier schattige Plätze finden: ein Treffpunkt für die Jugend des Quartiers und pflastermüde Touristen. Hangaufwärts folgt als nächste Parallelstraße zur Rechov Hillel die Arlozorov Street. Dort befindet sich mit der Hausnummer 23 ein weiterer Bau des Architekten Alexander Baerwald. Er errichtete ihn für den bedeutenden Maler, Radierer und Lithografen Hermann Struck (1876–1944). Andere berühmte Künstler wie Marc Chagall, Max Liebermann, Lovis Corinth oder Lesser Ury ließen sich von ihm in den Fächern Radierung und Lithografie unterrichten.

Der in Berlin geborene Hermann Struck wurde überzeugter Zionist und gehörte als orthodoxer Jude zu den Gründern der Misrachi-Bewegung des religiösen Zionismus. Misrachi ist eine Abkürzung von Merkas ruchani: geistiges Zentrum. Unter diesem Namen schlossen sich 1901 die wenigen orthodoxen Juden unter den Zionisten auf dem 5. Zionistenkongress zusammen. Hermann Struck wanderte 1923 nach Palästina ein. Sein Haus in der Arlozorov Street 23 ist vor kurzem renoviert worden. Die drei Stockwerke sind als ein intimes Museum gestaltet, in dem das vielfältige Werk des Künstlers in seinen verschiedenen Schaffensphasen gezeigt wird.[114]

Unweit des Museums wurde an der Außenwand des Hauses Nummer 17 eine blaue Tafel befestigt, auf der in hebräischer, englischer und arabischer Sprache über Raoul Wallenberg berichtet wird, der im Jahr 1936 dort wohnte. Er war Schwede und arbeitete in Haifa als Bankier. Tief beeindruckte ihn, was ihm Flüchtlinge aus Deutschland über die Verfolgung der Juden durch die Nationalsozialisten erzählten. In der Schlussphase des Zweiten Weltkriegs leitete er als schwedischer Diplomat in Kontakt mit dem Schweizer Diplomaten Carl Lutz und seiner Frau Gertrud in Budapest eine Befreiungsaktion, die zehntausenden ungarischer Juden das Leben rettete. 1945 wurde er von sowjetischen Behörden unter dem Vorwurf der Spionage verhaftet. Bis heute ist nicht aufgeklärt, was danach mit ihm geschah.

Zwischen Hadar HaCarmel und der Deutschen Kolonie liegt der arabisch geprägte Stadtteil Wadi Nisnas. Verbunden sind die drei Stadtteile durch die Hauptstraße HaGefen, deren Name „der Weinstock“ bedeutet und an die hier früher gelegenen Weinberge der Tempelgesellschaft erinnert. Heute ist die Straße besonders bekannt durch das „Beit HaGefen“, ein Jüdisch-Arabisches Kulturzentrum. Seine multikulturelle Galerie moderner Kunst mit einer ständigen sowie wechselnden Ausstellungen ist höchst empfehlenswert.[115] Nebenan befindet sich die Clore Library für Kinder und Kunst.[116] Es ist die Kinderabteilung von Beit HaGefen. Das Gebäude wurde von Hermann Frutiger, dem Leiter der „Deutschen Palästina Bank“, errichtet, dem Sohn von Johannes Frutiger, dem Initiator der Eisenbahn von Jaffa nach Jerusalem (siehe S. 55).

Wadi Nisnas ist ein Quartier mit großem orientalischen Charme: Die hektischen Straßen mit ihren Farben und ih-

Falafel-Verkäufer im Stadtteil Wadi Nisnas (Haifa)

rer Atmosphäre begleiten die Besucher noch eine lange Zeit. Man kann diese bunte orientalische Welt individuell erkunden oder sich einer geführten kulinarischen Street-Food-Tour anschließen, inklusive dem Kosten an verschiedenen Ständen. Für ihre Qualität berühmt sind die hier hergestellten Süßigkeiten wie Baklawa und Halva.[117]

Für sein vorzügliches Shawarma – gewürztes Lammfleisch und bunter Salat in Pitabrot – ist in ganz Israel der Stand von „Shawarma-Emil" in der Allenby Street 33 bekannt. Falafel-Liebhaber werden den kleinen Laden „Falafel The Oldies" im Zentrum von Wadi Nisnas, Wadi Street 18, nicht mehr vergessen.

In Haifa wird Herzls Vision einer toleranten, multikulturellen Stadt wirklich gelebt. Dieser Geist wird in dem friedlichen und fruchtbaren Miteinander der drei Stadtteile an der HaGefen Street ebenso spürbar wie an dem gemeinsamen Fest, das jedes Jahr im Dezember gefeiert wird. Es trägt den Namen „Fest der Feste“. Fröhlich wird in den Straßen von Wadi Nisnas ebenso wie in der ehemaligen Hauptstraße der Deutschen Kolonie, der Ben Gurion Avenue, an die großen Festtraditionen der drei Religionen erinnert: Weihnachten, Chanukka und Ramadan.[118]

Wichtige Ziele in Haifa

Elia-Höhle[119]

Am Fuße des Westkaps des Carmelberges liegt eine Höhle, die Juden, Christen und Muslimen heilig ist. In ihr soll sich der Prophet Elia vor der Verfolgung durch König Ahab verborgen gehalten haben. Schließlich stellte sich der Prophet dem König und überwand in einem Wettstreit auf dem Carmelberg die Propheten der Göttin Aschera und des Gottes Baal (1. Kön 18). Nach christlicher Überlieferung haben Maria und Josef und ihr Kind auf der Flucht vor König Herodes in der Höhle Zuflucht gefunden.

Unter den Pilgern der verschiedenen Religionen herrscht eine bemerkenswerte Eintracht. Viele von ihnen glauben an die Heilkraft des Ortes und verbinden ihren Besuch mit dem Ablegen eines Gelübdes. Die Wände der Höhle sind mit Inschriften aus drei Jahrtausenden bedeckt.

Bahai Gärten[120]

Zum spektakulären Wahrzeichen der Stadt Haifa wurden die prächtigen Gartenterrassen, die das Mausoleum des Gründers der Bahai-Religion (siehe S. 132) umrahmen. Die blühenden und sehr gut gepflegten Anlagen erstrecken sich vom Fuß des Carmels bis zum Kamm des Berges hinauf.

Die Gärten sind an allen Tagen geöffnet. Unentgeltliche Führungen in verschiedenen Sprachen werden mit Ausnahme des Mittwochs ebenfalls täglich angeboten. Der Treffpunkt für die Führungen befindet sich am oberen Eingang.

Museum der illegalen Einwanderung[121]

Von 1934–1948 wurde die jüdische Zuwanderung nach Palästina von der britischen Mandatsregierung stark eingeschränkt. Ab 1939 durften nur noch 15.000 Juden jährlich einwandern. Gegen diese Beschränkungen führten jüdische Organisationen einen zähen Kampf, um möglichst viele Flüchtlinge aus europäischen Ländern vor der Ermordung zu retten. Das Museum erzählt die Geschichte dieser Zeit mit zahlreichen Dokumenten, Fotografien und Filmen. Auf einer digitalen Landkarte werden die verschiedenen illegalen Fluchtrouten und die auf ihnen eingesetzten Schiffe abgebildet.

Zahlreiche Schiffsmodelle, einschließlich des Schiffes Exodus, werden in den Ausstellungsräumen gezeigt. Eines der Schiffe ist als Kernstück des Museums im Original zu besichtigen. Das Schiff Af-Al-Pi-Chen wurde am 26. September 1947 von einem britischen Zerstörer 15 Meilen vor

Flüchtlingsschiff Af-Al-Pi-Chen

der Küste Palästinas angegriffen. Ein Flüchtling wurde getötet, neun weitere verletzt. Alle jüdischen Passagiere wurden anschließend nach Zypern deportiert. Im Inneren ist das Schiff so hergerichtet, wie es beim Flüchtlingstransport ausgestattet war. In einer Tonbildschau wird dort der Kampf um die heimliche Einwanderung veranschaulicht.

Hecht Museum an der Universität Haifa[122]

Im Hauptgebäude der Universität ist ein sehenswertes archäologisches und kunsthistorisches Museum untergebracht. Die Exponate hat Reuben Hecht, ein israelischer Unternehmer und Mitbegründer der Universität Haifa, gestiftet. Darunter befinden sich etliche kanaanitische Funde, die aus der Zeit vor dem Entstehen des biblischen Israels stammen. Steingefäße, antike Glaskunst,

Überreste eines Handelsschiffes aus dem 5. Jahrhundert v. Chr.

jüdische Münzen und Siegel zeigen die Entwicklung der materiellen Kultur in der Region zwischen Jordan und Mittelmeer. Zu den Attraktionen des Museums gehören auch die Überreste eines Handelsschiffes aus dem 5. Jahrhundert v. Chr.

In der Kunstabteilung des Museums werden die Gemälde bedeutender französischer Künstler aus den Stilepochen des Impressionismus und Expressionismus sowie jüdische Kunst aus dem 19. und dem frühen 20. Jahrhundert gezeigt.

Wilfrid Israel Museum[123]

Im Museum des Kibbuz HaZorea sind die Kunstsammlung und die archäologische Sammlung des Kaufmanns und Philanthropen Wilfrid Israel ausgestellt. Außerdem ist an diesem Ort der Lebensweg des Stifters dokumen-

Wilfrid Israel, 1899–1943

tiert: Sein Vater hatte das traditionsreiche Kaufhaus Nathan Israel in Berlin aufgebaut. Der Sohn setzte sich dafür ein, dass Sozialarbeiter für die Betreuung der Angestellten eingestellt und die Lehrlinge durch eine betriebseigene Schule besser ausgebildet wurden. Den jüdischen Aufbau in Palästina unterstützte er, indem er bei der Übersiedlung der Schauspielergruppe Habima von Moskau nach Tel Aviv half. Ab 1937 arbeitete er an der Rettung jüdischer Kinder aus Deutschland mit. 1943 bereitete er die Ausreise jüdischer Flüchtlinge aus Spanien und Portugal vor. 750 Gerettete trafen im Februar 1944 mit dem Schiff Nyassa im Hafen von Haifa ein. Schon bei seinem Rückflug von Lissabon 1943 wurde das Flugzeug von deutschen Jagdfliegern abgeschossen. Albert Einstein schrieb damals an Amy Israel: „Nie in meinem Leben war ich in Kontakt mit einem Wesen so edel, so stark, so selbstlos, wie er war – in Wahrheit ein lebendiges Kunstwerk“[124]. Der Kibbuz HaZorea liegt 15 Kilometer östlich von Haifa und ist am besten über die Regionalstraße 66 zu erreichen.

Nahariya

Ab 1934 entstand zehn Kilometer südlich der Grenze zum Libanon eine landwirtschaftliche Siedlung, aus der sich die heutige Stadt mit ihren etwa 57.000 Einwohnern entwickelt hat. Nahariya ist ein beliebtes Seebad geworden, dessen wirtschaftliche Grundlage jedoch zusätzlich in Handwerk und Industrie liegt. Es waren vor allem Emigranten aus Deutschland, die sich – vermutlich auch wegen fehlender Alternativen – für das Angebot von Keren Kayemeth, dem jüdischen Nationalfonds, gewinnen ließen. Zum Zeitpunkt der Gründung lebten unter den rund 43.000 Einwohnern des Distrikts Akko nur 296 Juden, isoliert und zurückgezogen.[125] Die zionistische Führung wollte durch den Aufbau von Nahariya und weiteren 60 Siedlungen den jüdischen Anspruch auf das westliche Galiläa festigen.

In Deutschland waren die Siedler vielfach Angehörige der Freien Berufe gewesen, zum Beispiel Rechtsanwälte oder Ärzte. Andere besaßen Geschäfte oder hatten Handwerksbetriebe geführt. Nun wurde ihnen ein Gelände zugeteilt, das für bewässerten Obst- und Gemüseanbau geeignet sein sollte. Jede der Familien erhielt eine Parzelle in der Größe von 6.000–9.000m² mit Beregnungsanlage, einem Hühnerstall mit 500 Hühnern und einem Wagen zur Ablieferung der Erträge. Es war ihre verzweifelte Notlage, die gut ausgebildete Städter diesen Umstieg in die

Landwirtschaft wagen ließ. Drohender Arbeitslosigkeit und weiterer Verarmung wollten sie entkommen.

Die Ausstattung der Siedler durch den Nationalfonds fiel vergleichsweise großzügig aus, weil das Gelingen der Ansiedlung von großer strategischer Bedeutung für einen künftigen Staat Israel sein würde. Der jüdische Anspruch auf Nordgaliläa sollte durch den neuen Stützpunkt gefestigt werden. Die Regierung Großbritanniens hatte 1936 zur Frage einer möglichen Teilung Palästinas eine Untersuchungskommission berufen. Damals sollen Transparente über den Straßen gehangen haben, die die Aufschrift trugen: „Erez Palästina oder Erez Israel – Nahariya bleibt deutsch".[126] Die Jeckes, die sich in Nahariya angesiedelt hatten, signalisierten mit dem Banner, dass sie unabhängig von einer möglichen Teilung des Landes – Erez bedeutet Land – auf jeden Fall ihre deutsche Identität behaupten würden.

Schon zu Beginn des Zweiten Weltkrieges hatte die Siedlung mehr als 1.000 Einwohner. Als wirtschaftliche Lebensgrundlage reichte die Landwirtschaft nicht mehr aus. So begannen einzelne Familien, kleine Hotels zu errichten. Es waren die Anfänge eines Seebads, in dem heute vom Bahnhof her eine breite Allee zur Strandpromenade hinabführt. Sie ist gesäumt von einladenden Cafés und Geschäften, und in ihrer Mitte fließt, von Eukalyptusbäumen gesäumt, ein kleines Flüsschen, das Nahariya seinen Namen gab; denn Fluss heißt auf Hebräisch „nahar". Zu einem Fluss wird der schmale Wasserlauf allerdings nur, wenn ihn in den Wintermonaten reißende Regenfluten füllen. Den guten Ruf des Badeortes begründen vor allem ein breiter, feinsandiger Strand und ein großes Meerwasserschwimmbad.

Ein Traditionslokal des Ortes ist das „Pinguin“.[127] Schon in der vierten Generation wird es von der aus Offenbach stammenden Familie Oppenheim geführt. Während der britischen Mandatszeit war es das kulturelle Zentrum für die Bewohner Nahariyas. Der Speisekarte mit Apfelstrudel und Wiener Schnitzel sind bis heute die deutschen Ursprünge abzulesen, auch wenn das Schnitzel heute „Pinguin-Schnitzel“ heißt.

Der alte Oppenheimer vom Café Pinguin
fragt seinen Freund Erich:
„Ja warum hast du denn heute drüben bei Feibelmann
gegessen, wo du doch seit Jahren Stammkunde bei uns bist?“
Antwortet Erich:
„Tut mir leid, aber der Zahnarzt hat mir gesagt,
ich solle heute auf der anderen Seite essen.“

Für das Aufblühen der Stadt war entscheidend, dass einige der anfangs kleinen Handwerksbetriebe zu Großunternehmen heranwuchsen. Die 1936 aus Ulm eingewanderte Familie Strauss betrieb zunächst eine Molkerei, aus der sich nach der Staatsgründung einer der führenden Lebensmittelkonzerne Israels entwickelte. 16.000 Angestellte sind in 20 Ländern für die Strauss-Gruppe und mit ihr verbundene Unternehmen tätig.

Eine andere Erfolgsgeschichte erzählt von Stef Wertheimer, der als Kind mit seiner Familie aus Kippenheim am Rande des Schwarzwaldes emigrierte. Die von ihm in Nahariya aufgebaute Metallfabrik wurde zu einer der größten des Landes. Im Zusammenhang mit neuen Niederlassungen entwickelte er acht Industrieparks, einen davon in der Türkei. Der Nahariya am nächsten gelegene Industriepark Tefen liegt auf einem Bergrücken 25 Kilometer östlich im galiläischen Bergland. In den Betrieben dort sind viele arabische Arbeiter tätig. Das Credo von Stef Wertheimer lautet:

> „Ohne Kooperation mit den Arabern werden wir keinen Frieden haben. [...] Galiläa ist ein Beispiel, dass es funktionieren kann. Die Juden wie die Araber haben Arbeit, daher keine Zeit sich zu streiten. [...] Erfolg und Wohlstand lassen Konflikte vergessen und schaffen Frieden.“[128]

So wie Martin Buber und seine Freunde vom Ichud (siehe S. 68) strebten auch viele andere deutschstämmige Einwanderer ein Zusammenwirken mit der arabischen Bevölkerung Palästinas an. Jörg Armbruster zitiert zur Begründung ihrer liberalen und antinationalistischen Einstellung den israelischen Historiker Moshe Zimmermann:

> „Die deutschen Juden hatten klar erkannt, wie gefährlich ein ungezähmter Nationalismus ist. Diese Haltung hatten sie schon unmittelbar nach dem Ersten Weltkrieg entwickelt als eine Lehre aus diesem großen Krieg. Außerdem hatten sie ja selbst erleben müssen, wie sie als Minderheit diskriminiert worden waren. Das sollte sich bei den Arabern nicht wiederholen. Nicht alle Jeckes dachten so, aber die Mehrheit. Ben Gurion hat ihnen später vorgeworfen, sie seien zu liberal."[129]

Stef Wertheimer hat in den Industriepark Tefen ein Kunstmuseum und ein Museum zur Geschichte der deutschstämmigen Emigranten integriert. Darin befindet sich eine Siedlerhütte mit dem Originalmobiliar der 1930er Jahre und weißer Spitzengardine, so wie sie einst in Nahariya stand. In weiteren, hellen Räumen wird auf Schautafeln und in Vitrinen auf Hebräisch und Englisch über die Pionierzeit deutscher Juden informiert. Im September 2020 teilten die Kinder des 94jährigen Stef Wertheimer der Öffentlichkeit allerdings mit, dass sie das Haus, zu dem auch eine Sammlung von Arbeiten israelischer Künstler gehört, nicht weiterführen, sondern sich ausschließlich auf das Geschäftliche konzentrieren wollen. Die Bestände des Museums würden der Shoah-Gedenkstätte Yad Vashem und anderen Museen übergeben werden.[130]

Ein anderer aus Deutschland stammender Firmengründer war Andreas Meyer. Die von ihm aufgebaute

Firma „Nahariya-Glas“ wurde weltweit bekannt. 1937 war er zusammen mit seiner Familie aus Rheda in Westfalen nach Nahariya emigriert. Die Mühen des Vaters Otto Meyer, unter dem Druck der Verfolgung die bürgerliche Existenz in Deutschland aufzulösen und seine Familie in Sicherheit zu bringen, hat Joachim Schlör in seinem Buch mitfühlend beschrieben.[131] Nurit Carmel hat mehrere Gespräche mit dem talentierten Erfinder und Unternehmer geführt, in denen er ihr seine Gedanken und Erinnerungen vortrug.

Nurit Carmel im Gespräch mit Andreas Meyer

Andreas pflegte auf einfache Weise die Essenz eines Jecken in Israel zu erklären: „Was ist eigentlich ein Jecke?“, fragte er mich, als wir uns zum ersten Mal trafen. Während ich noch über eine kluge Definition nachsann, gab er selbst die Antwort: „Ein Jecke ist einer, der sagt: ‚Ich komme morgen um acht – und er kommt morgen um acht.‘ So einfach ist das.“

So einfach und doch fast unmöglich zu erfüllen. Selbst für mich aus der Generation der Jeckes-Kinder war es fast unmöglich, während unserer zwölfjährigen Freundschaft seine Erwartungen zu erfüllen. Jedes Mal warteten seine Frau Esther und er pünktlich wie verabredet um 16 Uhr mit Kaffee und Kuchen in ihrem wunderschönen Haus in Kfar Vradim bei Nahariya, und jedes Mal habe ich sie mit meiner Unpünktlichkeit enttäuscht. Bis ich eine Lösung fand: Ich bin viel früher hingefahren und habe geduldig im Auto gewartet, bis es genau 16 Uhr war. Nie habe ich es gewagt, etwas früher an ihre Tür zu klopfen, denn zwischen

Siedler aus den Anfangstagen von Nahariya

14–16 Uhr halten sie, als typische Jeckes, ihre „Schlafstunde“.

Einmal erzählte Andreas mir: „Trotz des tiefen Falls, den die Vertreibung aus Deutschland für unsere Familie bedeutete, hatte ich das Privileg, ein sehr erfülltes Leben zu führen: einen Staat mit zu gründen und eine Stadt von Grund auf neu zu bauen, und dann noch eine so schöne! Wir hatten im Laufe der Jahre mit vielen Schwierigkeiten zu kämpfen. Daneben gab es aber auch wundervolle Zeiten voller Freude, Glück und Erfolg. Außerdem hatten nicht nur wir schwierige Zeiten, sondern dies galt für alle Israelis in der einen oder anderen Form. Und wenn wir sehen, was hier trotz der Schwierigkeiten geschaffen wurde, fühlen wir nichts als Stolz.“

„Was ich jedoch im Nachhinein bedauere“, sagte mir Andreas in einem unserer Gespräche, „ist, dass wir unsere Kinder im Geiste der deutschen Bildung erzogen haben. Wir haben die für uns wichtigen Werte wie Ordentlichkeit, Ehrlichkeit, Fleiß, Verlässlichkeit und Pünktlichkeit hervorgehoben. Dabei haben wir ihnen jedoch keine Chance gegeben, sich in die lokale Mentalität ganz zu integrieren, die sich im Laufe der Jahre in Israel entwickelte. Wir dachten, Israel wäre eine europäische Enklave im Nahen Osten, aber es wurde eher ein Bestandteil des Orients und seines Charakters."

Diese nüchterne und kritische Sichtweise, einschließlich der Selbstkritik, waren für Andreas charakteristisch. Er machte keine „Ausnahmen", und selbst wenn er Kritik an der Richtung äußerte, in die sich seine geliebte Stadt Nahariya bewegte, war er kompromisslos. So kämpfte er gegen den Bürgermeister, der in den 1990er Jahren beschlossen hatte, das Gesicht der Stadt zu verändern: „Er versucht, Nahariya wie eine Stadt an der französischen Riviera aussehen zu lassen. Er fällt alle Bäume, die wir zu Beginn der Siedlung gepflanzt haben und die Schatten spendeten. Wenn er Palmen entlang der Straßen pflanzt, wird die Stadt touristischer und es sieht in den Werbespots wie an der französischen Riviera aus, aber wo bekommen wir den Schatten her? Darüber denkt der Bürgermeister nicht nach!"

Eines Tages, als er fast 90 Jahre alt war, rief Andreas mich an und bat mich, zu ihm zu kommen. Er wolle mir ein Geheimnis verraten und meinen Rat einholen. „Was denkst du, sollte ich mit fünf Cyanidpillen machen?", fragte er mich, als wir in seinem Gartenhof saßen und die kühle Brise aus dem galiläischen Bergland genossen. Und so lautete die Geschichte, die er als Epilog seines Lebens bezeichnete:

„Die Entscheidung meines Vaters, der als treuer Sohn seiner Heimat im Ersten Weltkrieg mit dem Eisernen Kreuz ausgezeichnet worden war, Deutschland zu verlassen und ein neues Lebenskapitel für sich und seine Familie in einem fernen Land aufzuschlagen, war für ihn zweifellos äußerst schwierig. Aber er musste erkannt haben, dass es ihn, seine Frau und seine Kinder vor den Klauen der Nazis rettete. Denn seit Mitte der 1930er Jahre hatte sich die Situation der deutschen Juden so stark verschlechtert, dass sie von einem Moment auf den anderen um ihre Existenz fürchteten. Es gab verschiedene Gerüchte über verschwundene Menschen und über andere, die es vorzogen, ihr Leben zu beenden.

Zu dieser Zeit kam mein Vater zu einer Entscheidung, von der ich erst viele Jahre später erfuhr. Eine Entscheidung, vor die sich niemand gestellt sehen sollte. Mit einer bestimmten Absicht kaufte er fünf Cyanidpillen: eine für sich selbst, eine für seine Frau und eine für jedes seiner drei Kinder. Wir Kinder wussten natürlich nichts davon. Die Pillen lagen in einer kleinen Glasröhre, die mit einem Korken verschlossen war. Ich glaube, er hat sie in der Jackentasche getragen, auch als wir Deutschland in Richtung Palästina verlassen haben.

Zum Glück wurden die Pillen nicht verwendet und erreichten mit uns Palästina. Obwohl es im Land keine Gestapo oder ähnliche Organisationen gab, hatten wir Nachbarn, die auch nicht sehr freundlich zu uns waren. Zehn Jahre nach unserer Ankunft in Nahariya fielen fünf arabische Armeen in Palästina ein, mit dem erklärten Ziel, uns Juden ins Meer zu werfen. Die Atmosphäre war extrem angespannt, und es gab auch diejenigen, die das Schlimmste voraussahen.

Wieder einmal hatten wir Glück, und die Pillen blieben unbenutzt im Safe. Im Laufe der Jahre habe ich sie völlig vergessen. Und jetzt muss ich mich entscheiden, was ich mit den fünf Cyanidpillen machen soll. Sind sie immer noch „nützlich“? Sollten sie für den nächsten Krieg aufbewahrt werden? Immerhin haben wir bereits den nächsten Diktator im Iran, der morgens und abends vor der ganzen Welt seine Pläne für uns verkündet.“

Liberman House[132]

In einem liebevoll restaurierten Gebäude aus dem 19. Jahrhundert ist das Museum der Stadtgeschichte zu besichtigen. Das große Archiv enthält Sammlungen von Fotografien, Postern, Anzeigen und zahlreiche authentische Schriftstücke aus den Zeiten vor und nach der Staatsgründung Israels. Die Besucher erwartet auch ein Dokumentarfilm über den Aufbau der Siedlung durch Einwanderer aus Deutschland, der anschaulich die Alltagsprobleme von Doktoren und Professoren schildert, die über Nacht Bauern wurden. Führungen auf Deutsch und Englisch werden angeboten.

Im Liberman-House in Nahariya, einem Gebäude aus dem 19. Jahrhundert, ist das Museum zur Stadtgeschichte untergebracht.

Shavei Zion[133]

Im Frühjahr 1938 entstand drei Kilometer südlich von Nahariya eine weitere jüdische Siedlung. Die neunzig Neuankömmlinge stammten aus dem schwäbischen Dorf Rexingen bei Horb am Neckar. Ihre Vorfahren hatten sich dort als Viehhändler ihren Lebensunterhalt verdient. Durch ein 1828 im Königreich Württemberg erlassenes Gesetz wurde Juden Landkauf und Handwerk ermöglicht sowie, nach einer Frist von 10 Jahren, der Erwerb des Bürgerrechts.[134] Die meisten Juden in dem württembergischen Dorf Rexingen besaßen Grund und Boden und übten Landwirtschaft meist im Nebenbetrieb aus. In den Jahren vor der NS-Herrschaft galt der Ort als Musterdorf für eine gute Nachbarschaft zwischen Christen und Juden. 1933 stimmten noch 64% der Bewohner für die katholische Zentrumspartei, aber bereits 1934 wurde ein Nationalsozialist neuer Bürgermeister.

Von den 240 Rexinger Juden brachen neunzig Personen im Februar 1938 gemeinsam nach Palästina auf. Beim Abschiedsabend in der Rexinger Synagoge sagte der Lehrer Zeev Wolf Berlinger:

> „Wir erkennen es offen, dass ursprünglich nicht die zionistische Idee, sondern die Macht der Not uns nach Israel führte. Nun sind wir aber erwacht. Erez wird unser Schicksal werden."[135]

Dem Moshav, einer genossenschaftlichen Siedlung, den sie unweit der Mittelmeerküste aufbauten, gaben sie den Namen „Shavei Zion" – „Rückkehrer nach Zion". An die 128 Rexinger Juden, die in Deutschland blieben und in

Konzentrationslagern ermordet wurden, erinnert ein Gedächtnisraum im Gemeindehaus. Auch eine kleinere Kopie der Rexinger Synagoge ist in der Siedlung entstanden.

Der Anfang war mühsam und umkämpft. Eine Vorhut von 23 Männern und 12 Frauen brach am 13. April 1938 mit überladenen Lastwagen von Haifa auf, um an einem einzigen Tag eine Mauer und einen Wachturm zu errichten. Zusammen mit Freiwilligen aus Nahariya und anderen jüdischen Nachbarsiedlungen wurde zunächst ein doppelwandiger Palisadenzaun aufgestellt, dessen Zwischenraum mit Steinen und Sand aufgefüllt wurde. Danach wurde der hölzerne Turm aufgebaut. In den folgenden Wochen wurden die ersten vier Hütten aus zum Teil vorgefertigten Bauelementen zusammengefügt.

Zur Stützung des jüdischen Anspruchs auf dieses Gebiet sind Ende der 1930er Jahre fast 60 derartige Wehrsiedlungen in Nordgaliläa entstanden. Moshe Dayan berichtet in seinen Erinnerungen, dass Anfang 1938 mit dem Kibbuz Hanita die letzte Siedlungslücke an der libanesischen Grenze geschlossen werden konnte.[136] Das bei dem Aufbau der neuen Siedlungen praktizierte „Mauer-und-Turm-Verfahren“ diente einmal der Selbstverteidigung gegen die zunehmenden arabischen Angriffe, hatte aber zum anderen auch einen juristischen Grund. Denn in den Jahren der britischen Mandatsregierung galt ein Gesetz aus osmanischer Zeit fort, dass ein Haus mit einem fertigen Dach nicht mehr abgerissen werden durfte. Der Mandatsregierung, die die jüdische Siedlungstätigkeit einschränken wollte, wurden so die Hände gebunden.

Die 60 Hektar Land, die den Rexinger Siedlern vom Jüdischen Nationalfonds zur Erbpacht überlassen wurden, waren der Witwe eines türkischen Großgrundbesitzers abgekauft worden. Die arabischen Bauern, die den fruchtbaren Teil dieses Landes bis dahin genutzt hatten, waren mit diesem Verkauf nicht einverstanden und leisteten hartnäckigen Widerstand. Häufig wurden die Siedler bei der Arbeit auf den Feldern oder beim Warten auf den Autobus beschossen. Am 2. November 1938 hatten sie den ersten Toten zu beklagen. Daraufhin wurden tagsüber drei, in der Nacht vier Wachtposten aufgestellt. Als mit dem Ausbruch des Zweiten Weltkriegs die jüdische Zuwanderung nach Palästina zum Erliegen kam, ebbte auch die Zahl der arabischen Angriffe ab.

Nach dem UN-Teilungsbeschluss am 29. November 1947 flammten die Kämpfe wieder auf. Der Beschluss sah vor, dass der westliche Teil Galiläas, also auch die Küstensiedlungen Nahariya und Shavei Zion, arabisch werden sollte. Die Orte wurden von arabischen Kämpfern eingeschlossen und mussten ein halbes Jahr von Haifa aus mit Booten notdürftig versorgt werden. Ein Versuch, von Nahariya aus Siedlungen, die im galiläischen Bergland lagen, mit einem gepanzerten Versorgungskonvoi zu erreichen, scheiterte blutig. Die 47 Begleitpersonen wurden getötet. Im Sommer 1948 befreiten die israelischen Streitkräfte die belagerten Orte und drängten die arabischen Verbände hinter die libanesische Grenze zurück.

In dem gepflegten grünen Gartendorf Shavei Zion leben heute mehr als 1.100 Menschen. Beschäftigung bieten neben der Landwirtschaft, dem Obstanbau und der Blumenzucht ein gut besuchtes Hotel und eine chemische Fabrik zur Herstellung von Plastik. Auch ein archäologischer Fund ist in der Siedlung gemacht worden. Der Mosaikfußboden einer byzantinischen Kirche aus dem 4. Jahrhun

Sorgfältig restaurierter Mosaikfußboden aus einer byzantinischen Kirche in Shavei Zion (4. Jahrhundert n. Chr.)

dert konnte durch die finanzielle Unterstützung eines Württemberger Förderers sorgfältig restauriert werden. In dem kleinen Museum des Ortes ist in einer Vitrine eine Torarolle mit Brandspuren ausgestellt. Sie stammt aus der Synagoge in Rexingen, die am 9. November 1938 von SA-Männern in Brand gesetzt wurde.[137]

Kibbuz der Ghettokämpfer[138]

Nur einen Kilometer südlich von Shavei Zion liegt ein 1949 von ehemaligen Untergrundkämpfern aus Polen aufgebauter Kibbuz. Seine Gründer kämpften als Partisanen und einige von ihnen beteiligten sich am Aufstand im Warschauer Ghetto, unter ihnen auch Yitzhak Zuckerman, der stellvertretende Kommandant der jüdischen Kämpfer.

Das 1949 von Überlebenden des Holocaust gegründete Haus der Ghettokämpfer befasst sich unter anderem mit dem Widerstand gegen den Nationalsozialismus im Warschauer Ghetto.

Das von ihnen errichtete Museum[139], das den Namen des in Warschau ermordeten Dichters Jizchak Katzenelson trägt, war der erste Erinnerungsort für die Holocaustopfer und Widerstandskämpfer in Israel.

Gezeigt werden Ausstellungsgegenstände aus dem Ghetto und von verschiedenen Widerstandsbewegungen in den von der deutschen Wehrmacht besetzten Ländern Polen und Litauen.

Am See Genezareth

Der 209 Meter unter dem Meeresspiegel liegende See Genezareth gehört zu dem nördlichen Ausläufer des großen afrikanischen Grabenbruchs, der sich von Ostafrika bis in den Libanon erstreckt. Gespeist wird er vom Wasser des Jordans. Der „Herabsteigende" – so die Namensbedeutung von „Jordan" – bringt Quellwasser des schneebedeckten Hermongebirges mit starkem Gefälle in den tief gelegenen See.

Die Ortschaften am Seeufer waren in der Zeit der osmanischen Herrschaft verfallen. Die Methode der Behörden in Istanbul, lokale Clans mit der Verwaltung des Landes zu betrauen und sie – zur Begrenzung ihrer Macht – im Bedarfsfall gegeneinander auszuspielen, hatten Raubbau und Verödung zur Folge. Eine Ausnahme bildet der Aufstieg der Beduinenfamilie der Saidaniten in der ersten Hälfte des 18. Jahrhunderts. Ihr Oberhaupt Dahir al Umar war Steuereinnehmer der osmanischen Verwaltung. Durch Geschick und Bestechung gelang es ihm, seinen Zuständigkeitsbereich auf ganz Galiläa auszudehnen. Als Hauptquartier wählte er die verwüstete Stadt Tiberias aus und baute sie wieder auf. Reste der damaligen Befestigungsanlagen sind heute noch in der Nähe der Uferpromenade erhalten.

Dahir al Umar überzeugte Rabbi Chajim Abulafia davon, von Damaskus nach Tiberias zu übersiedeln und wei-

Kirche auf dem Berg der Seligpreisungen

tere Familien dorthin einzuladen. Wichtige Kaufleute und Bankiers folgten dem Ruf des angesehenen Rabbiners.[140] So wurde in der frühen Neuzeit jüdisches Leben in Tiberias wieder gestärkt. Für die spätere zionistische Siedlungsaktivität durch die Anlage mehrerer Kibbuzim rund um den See Genezareth ergaben sich daraus wichtige Anknüpfungspunkte.

Safed

Nahe dem See Genezareth liegt ein anderer Sammlungspunkt jüdischen Lebens während der osmanischen Zeit, die 30 Kilometer nördlich von Tiberias in 900 Meter Höhe gelegene Bergstadt Safed. Nach der Vertreibung von Juden und Muslimen aus Spanien im Jahr 1492 hatten sich etwa 300 Familien dort niedergelassen. Der Religionsphi-

Innenraum der Abuhav-Synagoge aus dem 15. Jahrhundert in Safed

losoph und Kabbalist Isaak Luria (1534–1572) und sein Schüler, der Mystiker Joseph Karo (1488–1575), lehrten hier und bewirkten eine weitere Zuwanderung von Juden. Im Jahr 1563 wurde in Safed die erste hebräische Druckerei des Nahen Ostens gegründet. So blühte die jüdische Gemeinde auf und wuchs im 17. Jahrhundert auf 20.000 bis 30.000 Menschen.[141] Noch heute ist die Altstadt von vielen traditionsreichen Synagogen geprägt. Die schöne Abuhav-Synaoge steht in einem kleinen Hof, in dem Pinien Schatten spenden.[142] In der Nähe der alten Synagogen entstand in den 1940er Jahren ein Künstlerviertel mit Galerien und Ateliers.

Die mystische Lehre Isaak Lurias ist von dem Begriff „Tzimtzum“, dem Rückzug Gottes aus der Welt, bestimmt. Durch das Sich-Zusammenziehen Gottes entsteht Leere für die Schöpfung der materiellen Welt. In dieser sind Licht und Finsternis vermischt. Dem Menschen kommt beim „Tiqqun“, der Erlösung der Lichtfunken, eine entscheidende Rolle zu.

Gedanken der Lurianischen Kabbala hat in unserer Zeit der jüdische Philosoph Hans Jonas aufgegriffen, der besonders durch sein Werk „Das Prinzip Verantwortung“ (1979) bekannt wurde. In seinem Text „Der Gottesbegriff nach Auschwitz“ zweifelt er an der Vorstellung einer „Allmacht“ Gottes. Um für die Welt Raum zu machen, habe Gott seiner Macht entsagt und sich bei seiner Fürsorge für sie von anderen Akteuren abhängig gemacht, den Menschen. Daher könne er auch kein Zauberer sein, der mit „starker Hand und ausgestrecktem Arm“ in den Verlauf der Geschichte eingreift.

> „Kein rettendes Wunder geschah; durch die Jahre des Auschwitz-Wütens schwieg Gott. Die Wunder, die geschahen, kamen von Menschen allein: die Taten jener einzelnen, oft unbekannten Gerechten unter den Völkern, die selbst das letzte Opfer nicht scheuten. Um zu retten, zu lindern, ja, wenn es nicht anders ging, hierbei das Los Israels zu teilen.“[143]

Die in der Zeit der osmanischen Herrschaft neu entstandene jüdische Präsenz am See Genezareth und in der nördlich von ihm gelegenen Stadt Safed bewirkte, dass der UN-Teilungsplan von 1947 Ostgaliläa dem israelischen Staat zusprach, das westliche Galiläa dagegen der arabischen Seite. Erst die israelischen Siege im Unabhängigkeitskrieg führten 1948 zur Einnahme ganz Galiläas und ermöglichten es, die Belagerung eingeschlossener Siedlungen wie Nahariya oder Shavei Zion zu beenden.

Ende des 19. Jahrhunderts machte Gottlieb Schumacher die Kirchen und christliche Archäologen auf das nordwestliche Ufer des Sees Genezareth aufmerksam und empfahl, Ausgrabungen in Tabgha durchzuführen. Schumacher war Sohn des Vorsitzenden der Templerkolonie in Haifa. Seine Eltern hatten ihn zum Studium des Bauwesens an die Technische Hochschule Stuttgart geschickt. Nach Palästina zurückgekehrt, stellten ihn die lokalen Behörden als Distriktsingenieur für den Straßenbau in Akko ein. Dienstlich wurde er auch mit vorbereitenden Arbeiten für eine Zweigstrecke der Hedschasbahn von Dar'a nach Haifa beauftragt. In diesem Zusammenhang erstellte er die ersten genauen Landkarten für das Gebiet zwischen dem Mittelmeer und dem See Genezareth. Auf einer Karte zu Tabgha von 1889 vermerkte er, dass dort interessante Funde zu erwarten wären.

Im selben Jahr gelang es dem Palästina-Verein der Katholiken Deutschlands, dort ein 40 Hektar großes Grundstück zu erwerben. Der Widerstand örtlicher Behörden gegen den Ankauf durch einen kirchlichen Träger wurde dadurch umgangen, dass zunächst der schwäbische Maurermeister Franz Keller als Käufer auftrat. In Safed fertigte er die Bauteile eines kleinen Hauses vor, dass auf den Rücken von Kamelen nach Tabgha transportiert und an einem Tag dort aufstellt wurde. Nach diesem Verfahren, das eine Bestimmung des osmanischen Rechts geschickt zu nutzen verstand, entstanden später auch jüdische Siedlungen in Galiläa (vgl. die Gründung von Shavei Zion, siehe S. 165).

Ab 1890 wurde in Tabgha mit dem Bau eines Pilgerhospizes begonnen, das nach seiner Eröffnung fünfzig Gästen

Platz bot. Später wurden noch einmal 200 Hektar Land mit der Absicht hinzuerworben, deutsche Katholiken in einer landwirtschaftlichen Kolonie anzusiedeln. Dies sollte auch in Emmaus geschehen, einem Ort bei Jerusalem, wo nach dem Bericht des Lukasevangeliums zwei Jünger den auferstandenen Jesus trafen (Lk 24,13ff.). Die Pläne scheiterten daran, dass sich keine Siedler fanden. An beiden Orten beschränkte man sich daher auf die Pilgerbetreuung. Die Landwirtschaft wird von einheimischen arabischen Mitarbeitern ausgeübt. Das erweiterte und im Jahr 2001 eingeweihte Hospiz am Seeufer ist eine einladende Herberge und vorzüglicher Ausgangspunkt für Erkundungen des biblischen Galiläas (siehe S. 182).[144]

Nachhaltige archäologische Untersuchungen der Görres-Gesellschaft in Tabgha begannen erst 1932. Die unter der Leitung des Archäologen Andreas E. Mader zutage geförderten Mosaiken waren von außerordentlicher Schönheit und sehr gut erhalten. Wie ein kostbarer Teppich hatten sie einst den Boden einer byzantinischen Basilika geschmückt. Die Entstehung des berühmten „Brot-und-Fische-Mosaiks" wird auf die Zeit um das Jahr 480 datiert. Es befindet sich unmittelbar vor dem Altar. An dieser Stelle hat nach frühchristlicher Tradition die „Speisung der Fünftausend" stattgefunden: „Da nahm er die fünf Brote und zwei Fische und sah zum Himmel, dankte und brach die Brote und gab sie den Jüngern, damit sie sie unter ihnen austeilten, und die zwei Fische verteilte er an sie alle. Und sie aßen alle und wurden satt." (Mk 6, 41)

„Tabgha" ist die arabisch abgewandelte Form des griechischen Wortes „Heptapegon" – „Siebenquell". Von einem Steilhang fließen zahlreiche kleine Bäche dem See-

Das Brot-und-Fische-Mosaik, Speisung der Fünftausend, wird aus der Zeit um 480 n.Chr. datiert.

ufer zu. Von Flora und Fauna dieser wasserreichen Uferzone hat sich der Künstler bei seinen Motiven inspirieren lassen. Im nördlichen und südlichen Querschiff der Basilika geben Mosaiken in einem freien Entwurf von höchster Qualität Szenen einer Sumpflandschaft mit Wasservögeln, Pflanzen und glockenähnlichen Lotusblüten wieder.

Das große Erdbeben im Jahr 551 ließ die byzantinische Brotvermehrungskirche einstürzen. Ihre Trümmer bewahrten die Mosaikschätze bis zu ihrer Ausgrabung im Jahr 1932. Bereits 1936 wurden sie durch den Bau einer schlichten Hallenkirche vor Verwitterung geschützt. In den Jahren 1980–1982 errichteten die Kölner Architekten Anton Goergen und Fritz Baumann auf den Grundmauern der antiken Kirche aus weißen Steinen ein neues Gotteshaus, das die Formensprache des byzantinischen Stils aufnimmt.

Die in Tabgha zutage geförderten Mosaiken zeichnen sich durch ihren guten Erhaltungszustand und ihre ungewöhnliche Schönheit aus: Sumpflandschaft mit Reiher und Schlange.

Bauherr der neuen Kirche war der Deutsche Verein vom Heiligen Lande, der bereits 1939 den Benediktinern der Dormitio Abtei in Jerusalem die Betreuung von Tabgha übertragen hatte. Die Mönche lebten zunächst auf einer Farm. 1954 wurde dann nördlich der provisorischen Hallenkirche ein Klosterneubau eingeweiht. Ein weiteres Klostergebäude, das modernen Bau- und Sicherheitsstandards entspricht, wurde südlich der Kirche am Himmelfahrtstag 2012 von Erzbischof Joachim Kardinal Meissner geweiht. Ein Drittel der Kosten wurden durch Spenden der deutschen Diözesen aufgebracht.

Das starke Engagement der Katholischen Kirche in Tabgha hat seinen Grund auch darin, dass die frühchristliche Tradition eine Erscheinung des Auferstandenen, über die im 21. Kapitel des Johannesevangeliums berichtet wird, diesem Ort zugeordnet hat. Heute steht am Seeufer – etwa zweihundert Meter nordöstlich der Brotvermehrungskirche – die Primatskapelle an der Stelle, wo nach Überlieferung der frühen Gemeinden der Auferstandene im Kreis der Jünger Simon Petrus dreimal gefragt hat: „Hast du mich lieber, als diese mich haben?" Dreimal erwiderte Petrus: „Ja, Herr." Woraufhin Jesus ihn dreimal aufforderte: „Weide meine Schafe!" Nach katholischem Verständnis wurde damit Simon Petrus das Primat über die entstehende Kirche zugesprochen und das spätere Papstamt vorgeprägt.

Seit November 1994 lebt in einem ehemaligen Farmgebäude, das zwischen der Brotvermehrungskirche und dem Pilgerhaus liegt, eine Kommunität philippinischer Benediktinerinnen. Zu ihren wichtigen Aufgaben im Heiligen Land zählt die Seelsorge für die vielen philippinischen Gastarbeiterinnen in Israel. Die Schwestern besuchen sie in ihren Gemeinden oder laden sie zu Einkehrtagen nach Tabgha ein. Täglich feiern die Schwestern gemeinsam mit den Mönchen und den anderen Mitgliedern der Tabgha-Gemeinde in der weißen Kirche mit ihren wunderschönen Mosaiken Eucharistie.

Im Juni 2015 wurde das Atrium der Brotvermehrungskirche durch einen Brandanschlag jüdischer Extremisten schwer beschädigt; ein Mönch und eine Volontärin wurden verletzt. Einer der Täter wurde später zu einer sechsjährigen Haftstrafe verurteilt. Der israelische Präsident Reuven Rivlin nahm die Schäden persönlich in Augenschein, und der israelische Staat trug 400.000 Euro zur Finanzierung der Reparaturkosten bei. Im Februar 2017 wurde das Atrium wieder eingeweiht.

Der Uferstreifen, der in Tabgha beginnt und nach acht Kilometern von der Mündung des Jordanflusses in den See Genezareth begrenzt wird, ist die Heimat vieler Geschichten des Neuen Testaments. Etwa in seiner Mitte befindet sich Kapernaum, und an der Jordanmündung lag in antiker Zeit den Ort Betsaida. Im Lukasevangelium wird von einem Hauptmann von Kapernaum berichtet. Vermutlich wegen der Nähe zum Grenzfluss Jordan gab es eine Garnison in der Siedlung. Die Ältesten kommen zu Jesus, weil der Hauptmann sie um dessen Hilfe für einen von ihm sehr geschätzten Sklaven gebeten hat, der tödlich erkrankt ist. Ihren Einsatz für den Hauptmann begründen sie mit den Worten: „Er ist es wert, dass du ihm seine Bitte erfüllst; denn er hat unser Volk lieb, und die Synagoge hat dieser Mann für uns erbaut. Da ging Jesus mit ihnen" (Lk 7, 4–6).

Die Überreste einer Synagoge haben im 19. Jahrhundert auf den verschütteten Ort Kapernaum aufmerksam gemacht. Der amerikanische Forscher Edward Robinson bemerkte bei einem Besuch des Ortes im Jahr 1838 „die zerfallenen Ruinen eines Gebäudes, welches an Arbeitsaufwand und Ornamentierung alles übertrifft, was wir bis jetzt in Palästina gesehen haben."[145] Bei einem weiteren Besuch deutete er die Gebäudereste als Teile einer Synagoge. Nachdem die Kustodie der Franziskaner 1894 einen großen Teil des antiken Kapernaums erworben hatte, erhielten die Archäologen Kohl und Watzinger von der Deutschen Orient-Gesellschaft 1905 die Erlaubnis zur Ausgrabung des Gebäudes. Ab 1906 setzten franziskanische Archäologen die Arbeit fort. Sie restaurierten Teile der Synagoge und legten 30 Meter südlich davon die

Synagoge in Kapernaum

Grundmauern einer oktogonalen Kirche frei. Auch zahlreiche Wohnhäuser des antiken Dorfes wurden bis 1926 ausgegraben. Von 1968 bis 1991 haben die franziskanischen Archäologen Virgilio C. Corbo und Stanislao Loffreda die Untersuchungen weiterführen und die Baugeschichte der verschiedenen Funde klären können:

Die aus dem dunklen Basaltgestein der Wohnhäuser leuchtend weiß herausragende Synagoge entstand im späten 4. Jahrhundert. Unter den Fußbodenplatten entdeckten die Ausgräber ein sehr weitläufiges Steinpflaster aus dem 1. Jahrhundert. Dieses Pflaster und die Grundmauern aus Basalt, auf denen das weiße Bauwerk gründet, gehören zu einer Synagoge des 1. Jahrhunderts, in der Jesus lehrte und heilte (Mk 1,21–28). Diese Auffassung vertritt zumindest Corbo. Sein Forscherkollege Loffreda stimmt der Einordnung der Pflasterung zu, hält aber für möglich, dass die Basaltmauern zu einer dritten Synagoge gehören, die zwischen dem 1. und dem 4. Jahrhundert erbaut wurde.[146]

Ausgrabungsstätte von Kapernaum aus der Vogelperspektive

Einig sind sich die beiden Archäologen über die Entstehungsgeschichte der Kirche. Nach der neutestamentlichen Überlieferung war das Haus des Jüngers Simon Petrus Jesu üblicher Aufenthaltsort (Mk 2,1), wenn er in Kapernaum weilte. Nach seinem Tod am Kreuz wurde dieses Haus der Versammlungsort der judenchristlichen Gemeinde des Ortes. Die Hauskirche wurde im 4. Jahrhundert erweitert und durch eine Mauer von der übrigen Bebauung abgetrennt. Die Pilgerin Aetheria beschreibt im 4. Jahrhundert in einem Reisebericht: „In Kapernaum wurde das Haus des Fürsten der Apostel eine Kirche. Die Wände jedoch sind unverändert geblieben.“[147]

In der zweiten Hälfte des 5. Jahrhunderts wurden die Wände der Hauskirche abgetragen und die Grundmauern mit einer Füllschicht überdeckt. Die neue Kirche erhielt die Form eines inneren und eines äußeren Achtecks, wobei die Mauern des inneren Achtecks auf den Fundamenten des Petrushauses stehen. Den Boden dieses Achtecks schmückte das Mosaik eines Pfaues.

Die Fundamentmauern der achteckigen Kirche bestanden aus Basaltsteinen, auf denen die Mauern der Basilika aus weißen Kalksteinquadern standen. Nun überragten Synagoge und Kirche gemeinsam als hell leuchtende Wahrzeichen die aus dem dunklen Basaltgestein erbauten Wohnhäuser der Siedlung.

Unter der Herrschaft des byzantinischen Reiches nahm die Zahl christlicher Einwohner in Kapernaum zu. Im 7. Jahrhundert aber – nach der islamischen Eroberung Palästinas – wurden viele Wohnhäuser aufgegeben. Synagoge und Kirche verfielen und dienten später als Steinbruch für neue Bauten. Heute überwölbt eine moderne, 1990 geweihte Kirche die alte Petruskirche.

Wichtige Ziele um den See Genezareth

Nazareth

Etwa 30 Kilometer westlich vom See Genezareth entfernt liegt in einem weiten Talkessel das überwiegend von christlichen Arabern bewohnte Nazareth, Jesu Heimat. Das Stadtbild wird von der großen Kuppel der Verkündigungskirche geprägt, die 1969 fertiggestellt wurde.[148] Sie steht an jener Stelle, wo nach frühchristlicher Überliefe-

Verkündigungsbasilika in Nazareth, der Heimat Jesu.
Sie steht an der Stelle, wo der Erzengel Gabriel Maria die Geburt ihres Sohnes Jesu ankündigt.

rung der Engel Gabriel Maria die Geburt ihres Sohnes Jesus ankündigte. Das Bauwerk ist in eine Unter- und eine Oberkirche gegliedert. Von der Unterkirche, die Überbleibsel von Vorgängerbauten verschiedener Epochen integriert, führen Stufen zur Verkündigungsgrotte hinab, die ein kupferner Baldachin überwölbt. Die Verkündigungskirche ist räumlich und geistlich mit dem angrenzenden Franziskanerkloster verbunden.

Einladend durch ihre bescheidene Größe und Stimmung ist auch die Gabrielskirche der Griechisch-Orthodoxen.[149] Sie erhebt sich über dem Marienbrunnen, der von einer hier entspringenden Quelle gespeist wird. Nach orthodoxer Tradition soll Gabriel der Maria an dieser Quelle erschienen sein.

Beit Shean

Die großen Ausgrabungsfelder der antiken Stadt befinden sich 20 Kilometer südlich vom See Genezareth. Ihre geostrategisch wichtige Lage im Harod-Flusstal, das die Jesreelebene mit der Jordansenke verbindet, bewirkte, dass die Großreiche der Ägypter und Römer an diesem Ort eine Festungsstadt unterhielten und ausbauten. Auch die Philister haben zeitweise über Beit Shean geherrscht. Im biblischen Bericht wird darüber geklagt, dass nach der Niederlage des israelitischen Heeres die Philister die Leiber des toten Königs Saul und seiner Söhne auf der Stadtmauer von Beit Shean zur Schau stellten (1. Sam 31,10).

Zentraler Ort der Ausgrabungen ist das römische Theater, das als der am besten erhaltene Bau eines antiken Theaters in Israel gilt. Seine in den Hang gegrabenen

Colonnadenstraße und Tell el-Husn in Beit Shean

15 Sitzreihen boten Platz für 6.000 Besucher. Hinter dem Theater wurde eine Colonnadenstraße aus byzantinischer Zeit freigelegt und ihre Säulen zum Teil restauriert und aufgerichtet.

Überragt wird die Ausgrabungsfläche von einem hohen Ruinenhügel, dem Tell el-Husn, an dessen Hängen Siedlungsspuren aus fünf Jahrtausenden entdeckt wurden; ebenso Fundamentreste von vier ägyptischen Tempeln, die bedeutenden Pharaonen geweiht waren. Zahlreiche Exponate der Grabungen von Beit Shean werden im Rockefeller-Museum in Jerusalem gezeigt.[150]

Tiberias

Die Stadt am westlichen Seeufer wurde von Herodes Antipas im Jahr 17 n. Chr.zu Ehren des römischen Kaisers Tiberius gegründet. Nach der Zerstörung Jerusalems im Jahr 70 wurde sie zum geistigen und religiösen Zentrum des Judentums. In der angesehenen rabbinischen Aka-

Grab des jüdischen Arztes und Philosophen Maimonides (1135/38–1204). Er war für Jahrzehnte das geistige Oberhaupt der Sephardim, der Juden auf der iberischen Halbinsel.

demie des Ortes entstand der „Jerusalemer Talmud". Die Gräber bedeutender Rabbiner und Gelehrter können in Tiberias besucht werden. Der berühmte jüdische Philosoph und Arzt Maimonides[151] ist hier ebenso beigesetzt wie Rabbi Akiba, den der römische Kaiser Hadrian nach dem gescheiterten jüdischen Aufstand hinrichten ließ. Deshalb gilt Tiberias als eine der vier heiligen Städte der Juden.

Sehr sehenswert ist im „Archäologischen Park"[152] das Bodenmosaik einer antiken Synagoge, dessen Zentrum den Sonnengott Helios zeigt, umgeben von den zwölf Tierkreiszeichen. Auch in anderen Synagogen aus späthellenistischer Zeit ist der Tierkreis ein beliebtes Motiv. Für den jüdischen Glauben ist der in der Tora verkündete Gott derselbe, der auch den Himmel und die Gestirne geschaffen hat.[153]

Ein besonderer Schatz des Ortes sind die Thermen. Achtzehn Quellen spenden täglich 250.000 Liter schwefelhaltiges und 60 Grad heißes Wasser. Sie werden in den beiden Bädern des Ortes für verschiedenste Anwendungen eingesetzt. Die neuere Anlage am Seeufer verfügt außerdem über ein großes Sole-Schwimmbad.[154] Ein andrer Vorzug des Ortes ist der Fischreichtum des Sees. An der Uferpromenade werben zahlreiche Restaurants mit frisch gefangenem Fisch um Gäste. An der Promenade befinden sich auch Anlegestellen für verschiedene Bootsfahrten auf den See. Eine Bootslinie verbindet Tiberias mit dem gegenüberliegenden Kibbutz Ein Gev.

Kibbuz Ein Gev

Sein großes Fischrestaurant am östlichen Seeufer ist ein beliebtes Ausflugsziel für Einheimische und Touristen. Heute erinnert nichts mehr an die einst prekäre Lage der Siedlung, die an den Steilhang der zu Syrien gehörenden Golanhöhen angrenzt. In Zeiten politischer Spannungen wurden die Miglieder des Kibbuz bei ihrer Arbeit auf den Feldern immer wieder von der Berghöhe aus beschossen. Der 1937 als „Mauer- und Turmsiedlung" gegründete Kibbuz, in dem heute fast 700 Menschen leben, hat sich auf Milchwirtschaft und Gemüseanbau spezialisiert. Der Fischfang dient vor allem der Versorgung des eigenen Restaurants.

Südlich von Ein Gev wurde 1949 der Kibbuz Ha'On[155] gegründet, der heute eine große Straußenfarm bewirtschaftet. Beide Kibbuzim ziehen außerdem Vorteil aus der Schönheit ihrer Lage, indem sie mit zahlreichen Bungalows am Seeufer Gäste bewirten. Von ihrer Terrasse aus können die Urlauber die Friedlichkeit des Sees Geneza-

Fischrestaurant in Ein Gev, einem Kibbuz im Nordosten Israels am See Genezareth

reth und den weiten Ausblick auf die Berge Galiläas genießen. Vor den Bungalows laden Badestellen ein. Gespräche und Führungen, in denen über die Geschichte und die aktuelle Situation der Siedlungen informiert wird, werden gern angeboten. Der in Wien geborene Teddy Kollek, der spätere Bürgermeister von Jerusalem, war einer der Gründer des Kibbuz Ein Gev.[156] Sehr zu empfehlen ist auch das südlich von Ha'On gelegene Kibbuzhotel Maagan[157], das zum Kibbuz Deganya Bet gehört.

Berg der Seligpreisungen

Auf der Hügelkette nördlich von Tabgha bietet der „Berg der Seligpreisungen" einen herrlichen Rundblick über den See Genezareth. An diesem Ort hielt nach christlicher Überlieferung Jesus seine „Bergpredigt". In den 1930er Jahren hat der italienische Architekt Antonio Barluzzi hier eine anmutige Kirche (siehe S. 171) errichtet, die durch die Verwendung zweier kontrastierender Materialien – dunkles Basaltgestein und weißer Nazareth-Kalkstein – ihren besonderen Charakter erhielt. Auf die Innenwände des oktogonalen Kirchenbaus sind in lateinischer Sprache die Seligpreisungen der Bergpredigt geschrieben (Mt 5,3–10).

Von der Seeterrasse der Kirche sieht man sowohl auf die nahen Gebäude von Tabgha als auch auf das Ausgrabungsfeld von Kapernaum hinab. Die drei durch die Geschichten des Evangeliums verbundenen Orte werden auch als das „Christliche Dreieck" am See bezeichnet.

Exkurs: Kirche und Synagoge – Zwei Jahrtausende Gegnerschaft

In dem Ort Kapernaum, der Jesus nach seinem Abschied von Nazareth zur Heimat wurde (Mt 9,1), treffen Kirche und Synagoge in einzigartiger Form aufeinander. Die Gebäude der Synagoge und der oktogonalen Kirche – beide aus weißem Kalkstein – ähneln sich in ihrer sorgfältigen Bauweise und Größe und liegen nur 30 Meter auseinander. Doch trotz dieser räumlichen Nähe standen sich die Gläubigen, die sich in ihnen versammelten, von Anfang an kritisch bis feindlich gegenüber. Die Ausgrabungen spiegeln den Wettstreit der beiden Religionen in der Gestaltung ihrer Gotteshäuser an diesem besonderen Ort. Der mit Ornamenten und jüdischen Symbolen prächtig geschmückte Bau der Synagoge hat in diesem kleinen Ort gewiss nicht ohne Unterstützung aus Tiberias entstehen können. Ebenso dürfte der Ausbau der Hauskirche des Petrus von entfernten christlichen Gemeinden gefördert worden sein.

Das nahe Tiberias war nach der Zerstörung Jerusalems zum Zentrum des rabbinischen Judentums geworden. Rabbi Jehuda ha-Nasi vollendete hier am Ende des 2. Jahrhunderts den Text der Mischna, einer ursprünglich mündlichen Auslegung der Tora durch Lehrentscheidungen der rabbinischen Schulen. Am selben Ort entstand in den folgenden zwei Jahrhunderten durch die Fortsetzung der Gesetzesauslegung in der angesehenen rabbinischen Akademie die Gemara als Kommentar zur Mischna. Zusammen bilden Tora, Mischna und Gemara den „Jerusalemer Talmud". Seit dem Ende des 2. Jahrhunderts befand sich in Tiberias auch der Sitz des Hohen Rates.

Es verwundert nicht, dass beim Bau einer neuen Synagoge im benachbarten Kapernaum, dem Ursprungsort der christlichen Kirche, Kosten und Mühen nicht gescheut wurden. Die Stärkung der eigenen Identität an dem Ort, an dem Jesus einst seine ersten Jünger berief, war auch deshalb wichtig, weil sich seit Anfang des 4. Jahrhunderts die religionspolitische Lage im Römischen Reich entscheidend verändert hatte. Dem Judentum war bereits von Caesar der Status einer „religio licita" zuerkannt worden. Als Angehörige einer „erlaubten Religion" waren Juden von Opfern für den Kaiser und die römischen Staatsgötter befreit. Der Patriarch Rabbi Jehuda ha-Nasi war ein Vertrauter des Kaisers Marc Aurel. Christen hingegen wurden wegen ihrer Verweigerung des Kaiserkults immer wieder verfolgt. Viele starben als Märtyrer.

Das änderte sich am Anfang des 4. Jahrhunderts: In der Überzeugung, dass ihm der Gott der Christen den Sieg über den Aufrührer Maxentius geschenkt habe, erklärte Kaiser Konstantin im Jahr 313 den christlichen Glauben ebenfalls zu einer „religio licita“ und förderte die Kirche seitdem. 325 wurde das Christentum zur Staatsreligion erhoben. Danach begann unter den Kaisern Theodosius I. (379–395) und Theodosius II. (408–450) eine fortschreitende Entrechtung der Juden. Der Bau von Synagogen wurde ihnen im römischen Reich ebenso verboten wie das Betreiben von Schulen oder die Sammlung von Kollekten.

Kirchliche Judenfeindschaft

Die Gegnerschaft von Christen- und Judentum reicht bis in die Anfangszeit der christlichen Gemeindebildung zurück. Die Mehrzahl der Juden sah Jesu Kreuzigung durch die Römer als Beweis an, dass er nicht der erwartete Messias war. Denn sie hatten sich von seinem Kommen auch eine Erlösung von fremder Herrschaft erhofft, die nicht geschah. Die Anhänger Jesu dagegen stützten sich auf Weissagungen aus dem Buch des Propheten Jesaja. Sie deuteten die Prophezeiung über den „leidenden Gottesknecht“ (Jes 53), der sich gerade durch seine Machtlosigkeit als der Erwählte Gottes erweist, als Bestätigung ihres Glaubens, dass Jesus der Verheißene war. Die Auferstehungserfahrungen der Jünger und die Worte des Propheten Jesaja inspirierten die urchristliche Gemeinde zur Mission unter Juden und Nichtjuden.

Die mit den Kaisern Theodosius I. und II. beginnende staatliche Unterdrückung der Juden verstärkte innerkirchlich einen Antijudaismus, der sich bereits in der Konkurrenzsituation der vergangenen Jahrhunderte herausgebildet hatte. Schon der Kirchenvater Origenes hatte im 3. Jahrhundert geschrieben: „Nicht an jenen nur, die seine Zeitzeugen waren, fürwahr an allen künftigen jüdischen

Geschlechtern haftet das Blut Jesu bis ans Ende aller Zeiten."[158] Weil die Juden Jesus nicht als Messias erkannt, sondern an seiner Ermordung mitgewirkt hätten, sahen sich christliche Theologen berechtigt, die Verheißung eines neuen Bundes (Jer 31,31–40) auf die christliche Kirche zu beziehen. Zu dieser „Substitutionstheorie" gehörte auch, dass die kanonischen Schriften Israels unter der Überschrift „Altes Testament" in die christliche Bibel integriert wurden.

Wie sehr der Antijudaismus zu einem festen Bestandteil christlicher Identität wurde, zeigt selbst noch ein Text aus dem Jahr 1948. In einem „Wort zur Judenfrage" des Bruderrates der Bekennenden Kirche vom 8. April 1948 werden in erschreckender Unberührtheit Sätze des traditionellen Antijudaismus wiederholt:

> „Indem Israel den Messias kreuzigte, hat es seine Erwählung und Bestimmung verworfen. [...] Die Erwählung Israels ist durch und seit Christus auf die Kirche übergegangen. [...] Dass Gottes Gericht Israel in der Verwerfung bis heute nachfolgt, ist Zeichen seiner Langmut. [...] Israel unter dem Gericht ist die unaufhörliche Bestätigung der Wahrheit [...] Dass Gott nicht mit sich spotten lässt, ist die stumme Predigt des jüdischen Schicksals [...]."[159]

Dem gegenüber bekundete die Synode der Evangelischen Kirche in Deutschland, die vom 23.-27. März 1950 in Berlin-Weißensee tagte, eine neue Sicht: „Wir glauben, dass Gottes Verheißung über dem von ihm erwählten Volk Israel auch nach der Kreuzigung Jesu Christi in Kraft geblieben ist."[160]

Die Katholische Kirche hat auf dem Zweiten Vatikanischen Konzil in der Erklärung „Nostra Aetate“ vom 28. Oktober 1965 ihre Abkehr von der Substitutionslehre bekannt:

> „Die Kirche hat stets die Worte des Apostel Paulus vor Augen, der von seinen Stammverwandten sagt, dass ‚ihnen die Annahme an Sohnes statt und die Herrlichkeit, der Bund und das Gesetz, der Gottesdienst und die Verheißungen gehören wie auch die Väter und dass aus ihnen Christus dem Fleische nach stammt‘. [...] Wie die Schrift bezeugt, hat Jerusalem die Zeit seiner Heimsuchung nicht erkannt, und ein großer Teil der Juden hat das Evangelium nicht angenommen, ja nicht wenige haben sich seiner Ausbreitung widersetzt. Nichtsdestoweniger sind die Juden nach dem Zeugnis der Apostel immer noch von Gott geliebt um der Väter willen; sind doch seine Gnadengaben und seine Berufung unwiderruflich.“[161]

Im Geist dieser Erklärung hat Papst Johannes Paul II. bei seinem Besuch in Israel im Jahr 2000 das Judentum „ältere Geschwister vor dem Herrn“ genannt.

In der Evangelischen Kirche wurde 2016 das Thema der Judenmission abschließend behandelt. Schon 1980 hatte die Synode der Evangelischen Kirche im Rheinland der Mission von Juden eine Absage erteilt:

> „Wir glauben, dass Juden und Christen je in ihrer Berufung Zeugen Gottes vor der Welt und voreinander sind; darum sind wir überzeugt, dass die

> Kirche ihr Zeugnis dem jüdischen Volk gegenüber nicht wie ihre Mission an der Völkerwelt wahrnehmen kann.“[162]

Auch andere Meinungen wurden in der Folgezeit von evangelischen Christen vertreten. Daher hat die Evangelische Kirche in Deutschland 2016 auf ihrer Synode in Magdeburg eine Erklärung verabschiedet, die überschrieben ist mit dem Bibelwort „der Treue hält ewiglich“ (Ps 146,6). Ihre zentrale Aussage lautet:

> „Die Erwählung der Kirche ist nicht an die Stelle der Erwählung des Volkes Israel getreten. Gott steht in Treue zu seinem Volk. Wenn wir uns als Christen an den neuen Bund halten, den Gott in Jesus Christus geschlossen hat, halten wir zugleich fest, dass der Bund Gottes mit seinem Volk Israel uneingeschränkt weiter gilt.“ Christen seien also „nicht berufen, Israel den Weg zu Gott und seinem Heil zu weisen.“[163]

Die Katholische Kirche hatte bereits 2015 zum 50. Jubiläum des grundlegenden Textes des Zweiten Vatikanischen Konzils „Nostra Aetate“ in einer Erklärung zur Judenmission festgestellt: „Unwiderruflich sind Gnade und Berufung, die Gott gewährt.“

Zu dieser wichtigen Klarstellung von der Seite der großen Kirchen passt ein Wort des jüdischen Religionsphilosophen Pinchas Lapide aus dem Jahr 1986:

> „Für mich ist Jesus eine Leuchte Israels, die allzu lange so gut wie unbeachtet geblieben ist – und

> der Heiland der Heidenkirche [...] Ob er als Erlöser schon einmal da war oder nicht, wird sich herausstellen, sobald der Messias kommt, denn die ‚Parusie', auf die die Kirche wartet, heißt ja auf Griechisch nicht ‚Wiederkunft', sondern ‚Ankunft'. „Bis er kommt", wie Paulus sagt, sollte die Christusfrage offen bleiben; inzwischen aber tuen Christen und Juden gut daran, eine Große Koalition der tatkräftigen messianischen Hoffnung zu bilden, um gemeinsam den Willen unseres Vaters im Himmel zu tun."[164]

Dass gegenseitige Anerkennung und Respekt zwischen den Religionen Gottes Willen mehr entsprechen als Feindschaft und Verfolgung, davon sind heute die meisten Menschen überzeugt. Als sich die erweiterte Europäische Union zu Beginn dieses Jahrtausends mit dem „Vertrag von Lissabon" (2002–2009) eine neue „Verfassung" gab, schlugen die konservativen und christlich-demokratischen Parteien des Europäischen Parlaments vor, das christlich-jüdische Erbe als Quelle der Werte der europäischen Kultur zu benennen. Nach der mehr als tausendjährigen Ausgrenzung von Juden im christlich dominierten Europa sind die Adjektive christlich und jüdisch heute bindestrichtauglich.[165]

Von der Mission zum Dialog

Die Neuorientierung der christlichen Theologie gegenüber dem Judentum nach dem Zweiten Weltkrieg war kein akademischer Prozess. Vielmehr wurden Kirchenleitungen und Professoren von Laien mit brennenden Fragen konfrontiert und zum Handeln gedrängt. In den kirchlichen Akademien, auf Kirchentagen oder in den Gesellschaften für christlich-jüdische Zusammenarbeit trafen Menschen zusammen, die zutiefst erschrocken fragten, wie inmitten des „christlichen Abendlandes" der Völkermord an den Juden begangen werden konnte. Wie groß war die Mitschuld der Kirchen? Was ließ sich tun, um die Wiederkehr eines totalitären Systems für immer zu verhindern? Wo begann der Weg in den Abgrund?

Ein wichtiger Dialogpartner auf jüdischer Seite war Ernst Ludwig Ehrlich. Er begann einen Vortrag in der Evangelischen Akademie Hamburg mit den Worten: „Wir alle sind Überlebende des Zweiten Weltkriegs. Was tun wir, die wir überlebten? Wie nutzen wir diese Chance?" Solche Fragen des nach 1945 in Deutschland beginnenden christlich-jüdischen Gesprächs beschreiben einen andauernden Auftrag als bleibendes Vermächtnis. Sie sind Ausdruck einer humanen Leitkultur, deren Eckpfeiler die entschiedene Abwehr von Diktatur, die Verteidigung der Menschenrechte und die Selbstbestimmung des einzelnen Menschen durch Mitbestimmung sind.

Ein anderer bedeutender jüdischer Gesprächspartner war der Münchener Fritz Rosenthal. Am 1. April 1933, dem ersten Boykottsamstag gegen jüdische Geschäfte, machte er eine grausame Erfahrung. Zwei SA-Männer stürzten sich auf ihn und begannen „wie rasend nach mir zu schlagen und zu treten". Als er auf der nahe gelegenen Polizeiwache Anzeige erstatten wollte, wurde ihm kühl entgegnet: „Judenblut ist bei uns nicht viel wert."[166] Nach mehreren Verhaftungen emigrierte der Literaturstudent 1935 nach Palästina, wo er den Namen Schalom Ben-Cho-

Schalom Ben-Chorin, 1913–1999

rin annahm. „Friede Sohn der Freiheit“ war sein neuer Name.

Über den Dialog pflegte er zu sagen: „Mission ist Überredung, Dialog ist Unterredung.“ Eine solche offene Unterredung mit Christen begann er bereits 1940 in Palästina. Ein junger schottischer Pfarrer aus Tiberias, George L. B. Sloan, hatte interessiert auf den Artikel des Journalisten Ben-Chorin „Zur religiösen Lage in Palästina“ reagiert. Gemeinsam luden sie gesprächsbereite Juden und Christen zu einer Tagung in das Haus Tabor (siehe S. 44) in Jerusalem ein. Die Gesprächsleitung übernahm der anglikanische Erzbischof George Francis Graham Brown. Ben-Chorin hielt einen Impulsvortrag über „Die Christusfrage an den Juden“. Im Rückblick hielt Ben-Chorin fest: „Mit dem Religionsgespräch vom Oktober 1940 wurde in Jerusalem ein Neubeginn gesetzt. Hier war ja durch lange Zeit hindurch das Gespräch zwischen Judentum und

Christentum nur als missionarischer Angriff auf das Judentum beheimatet."[167]

Die Fortsetzung dieses partnerschaftlichen Gesprächs wurde Ben-Chorins Lebensthema. Er war Mitbegründer der „Arbeitsgemeinschaft Juden und Christen" des Deutschen Evangelischen Kirchentages, begehrter Gastreferent der kirchlichen Akademien Deutschlands und traf sich mit ungezählten kirchlichen Reisegruppen in Jerusalem.

Auch in Israel entstanden neue Orte eines offenen interreligiösen Dialogs. Eine christliche Theologie, die frei von Missionsabsichten gegenüber Juden ist, wird seit 1961 in dem christlichen Dorf **Nes Ammim** gelebt.[168] Die von Christen aus den Niederlanden, der Schweiz und Deutschland gegründete landwirtschaftliche Siedlung liegt wenige Kilometer südöstlich von Nahariya und zählt inzwischen mehr als 400 Einwohner. Ein „House of Prayer and Study", das für christliche und jüdische Gottesdienste genutzt wird, ist 1990 von Peter Beier, dem Präses der Evangelischen Kirche im Rheinland, eröffnet worden. Freiwillige aller Altersgruppen können sich für unterschiedlich lange Dienstzeiten bei Nes Ammim Deutschland bewerben.[169] Das Gästehaus der Siedlung ist von einem artenreichen Botanischen Garten umgeben. Wörtlich übersetzt bedeutet Nes Ammim: Zeichen der Völker.

In seinen Erinnerungen berichtet Ben-Chorin, dass in dem Vorgarten, der seiner Wohnung gegenüber lag, ein Mandelbaum stand, der ihn in der Zeit seiner Blüte an die Berufungsvision des Propheten Jeremia erinnerte (Jer 1,11f.), die dem Propheten Hoffnung und Gewissheit gab. Ben-Chorin schreibt, dass ihn diese Erinnerung in den „düstersten Zeiten des Zweiten Weltkriegs und der beispiellosen Verfolgungen“[170] zu einem Gedicht inspirierte, das er im März 1942 verfasste und das unter der Nummer 606 in das Gesangbuch der Evangelischen Kirche in Deutschland aufgenommen wurde:

Freunde, dass der Mandelzweig
Wieder blüht und treibt,
Ist das nicht ein Fingerzeig,
Dass die Liebe bleibt?
Dass das Leben nicht verging,
So viel Blut auch schreit,
Achtet dieses nicht gering
In der trübsten Zeit.

Tausende zerstampft der Krieg,
Eine Welt vergeht,
Doch des Lebens Blütensieg
Leicht im Winde weht.
Freunde, dass der Mandelzweig
Sich in Blüten wiegt,
Bleibe uns ein Fingerzeig
Für des Lebens Sieg.

Anmerkungen

1 URL: www.german-heritage-holy-land.com
2 Alex Carmel, Christen als Pioniere im Heiligen Land, Basel 1981, S. 22.
3 Vgl. Alex Carmel, Seht wir gehen hinauf nach Jerusalem, in: A. Nothnagle (Hg.), Seht wir gehen hinauf nach Jerusalem – Festschrift zum 150jährigen Jubiläum von Talitha Kumi und des Jerusalemvereins, Leipzig 2001, S. 27f.
4 Alex Carmel, Die Siedlungen der württembergischen Templer in Palästina. 1868–1918, Stuttgart 2000, S. 277f.
5 Gil Yaron, Jerusalem – Ein historisch-politischer Stadtführer, München 2007, S. 45f.
6 Michael Krupp, Zionismus und Staat Israel, Gütersloh 1992, S. 29.
7 URL: www.sktours.net, Tel.: 02-6726095.
8 Flavius Josephus, Geschichte des Jüdischen Krieges, Buch V, Kap. 2, 2–6.
9 Via Dolorosa. Vom Jaffator aus führt der Weg über die David Street und die Christian Quarter Road dorthin.
10 Eckart Otto, Jerusalem – Die Geschichte der Heiligen Stadt, 1980, S.158: „Hier greifen die Ergebnisse der britischen, deutschen und israelischen Grabungen im Muristan lückenlos ineinander. Sie zeigen, dass die zweite Mauer nicht den nördlichen Muristan und damit die Grabeskirche einschloss, so dass dieses Gelände also zur Zeit der Hinrichtung Jesu außerhalb der Stadt lag."
11 Zur Diskussionslage vgl. Max Küchler, Jerusalem – Ein Handbuch und Studienreiseführer zur Heiligen Stadt, Göttingen 2007, S. 471ff.
12 Steven Runciman, Der erste Kreuzzug, München 1981, S. 21.
13 Vgl. Jörg Bremer / Jakob Eisler / Petra Heldt, Jerusalem und der Johanniterorden, Jerusalem 2012.
14 Muristan Road, Tel.: 02-6276111, URL: www.church-of-the-redeemer-jerusalem.info
15 The Armenian Patriarchate Street 55, URL: www.cmj-israel.org/christchurch
16 Yaron Perry, Juden-Mission. Die Arbeit der „London Society for Promoting Christianity Amongst the Jews" im 19. Jahrhundert in Palästina, Universität Basel 2006, S. 104.
17 Alex Carmel, Christen als Pioniere im Heiligen Land, Basel 1981, S. 47.
18 Har Tsiyon Street, Tel.: 02-719927.
19 Aravna ha Yevusi Street 3, URL: www.graves.mountzion.org.il
20 Tom Segev, Es war einmal ein Palästina – Juden und Araber vor der Staatsgründung Israels, München 2005, S. 7.
21 URL: www.church-of-the-redeemer-jerusalem.info
22 Er war der Großvater des amerikanischen Literatur-Nobelpreisträgers John Steinbeck (vgl. Jakob Eisler, Deutsche Kolonisten im Heiligen Land, Stuttgart 2001).
23 Neviim Street 58.
24 St. Mark's Road, E-Mail: info@guest-house-jerusalem.co.il
25 Nablus Road 97, E-Mail: paulus-haus@dvhl.de
26 Alex Carmel, Der Missionar Theodor Fliedner als Pionier Deutscher Palästina-Arbeit, in: Grab, Walter (Hg.),

Jahrbuch des Instituts für Deutsche Geschichte 14, Tel Aviv 1985.

27 Martin Buber Street, Tel.: 02-6287704, E-mail; auguste@netvision.net.il

28 Alex Carmel, Der christliche Beitrag Palästinas, S. 110.

29 Beit Jala, El Amal Street, Tel.: 02-2741247.

30 Restaurant Montefiore, Ya'akov Steinhart Street 3, Tel.: 072-3970124, URL: www.montefiore-jlm.co.il

31 URL: www.deutsches-hospiz.de, Tel.: 02-5637737

32 Emek Refaim 43, URL: www.sktours.net

33 Georg Rößler, Auf dem Weg nach Jerusalem. Ein Begleiter für die Pilgerwanderung in die Heilige Stadt, Berlin 2017.

34 Vgl. Alex Carmel, Die Siedlungen der württembergischen Templer in Palästina 1868–1918, Stuttgart 2000, S. 78.

35 Hans Frutiger / Jakob Eisler, Johannes Frutiger. Ein Schweizer Bankier in Jerusalem, Köln / Wien 2008.

36 The First Station, David Remez Street 4, Tel.: 02-6535239, URL: www.first-station.co.il/en

37 Derech Aharon Shulov 1, URL: www.jerusalemzoo.org

38 Alex Carmel, Palästina-Chronik. 1853–1882, Ulm 1978, S. 284.

39 Alex Carmel, Der Orientmaler Gustav Bauernfeind 1848–1904, Stuttgart 1990, S. 1.

40 Thomas Sparr, Grunewald im Orient, Berlin 2018, S. 43.

41 Gabriele Tergit, Im Schnellzug nach Haifa, Berlin 1996, S. 56.

42 Balfour Street 6, Tel.: 02-563 1288, URL: www.schocken-jts.org.il/english

43 Amos Oz, Eine Geschichte von Liebe und Finsternis, Frankfurt am Main 2004, S. 9.

44 Vgl. David Flusser, Jesus, Hamburg 1968, S. 73.

45 Vgl. Michael Krupp, Der Talmud, Gütersloh 1995, S. 32

46 David Flusser, Jesus, S. 78.

47 Pinchas Lapide, Jesus – ein gekreuzigter Pharisäer?, Gütersloh 1990, S. 20ff.

48 Walter Homolka, Der Jude Jesus – Eine Heimholung, Freiburg 2020, S. 121ff.

49 Gershom Scholem, Von Berlin nach Jerusalem, Frankfurt am Main 1995.

50 Gershom Scholem, Paris 1927, in: E. Wizisla (Hg.), Begegnungen mit Benjamin, Leipzig 2015, S. 159ff.

51 Gershom Scholem, Judaica 2, Frankfurt am Main 1995, S. 134.

52 Gershom Scholem, Judaica 2, S. 135.

53 Klaus-Peter Lehmann, Ganz Israel wird gerettet werden, Norderstedt 2020, S. 119.

54 Martin Buber, Politische Schriften, Frankfurt am Main 2010, S. 123.

55 Schalom Ben-Chorin, Zwiesprache mit Martin Buber, Gerlingen 1978, S. 57ff.

56 Schalom Ben Chorin, Ich lebe in Jerusalem, München 1988, S. 30.

57 Ein-Gedi Street 28, URL: www.beit-ben-yehuda.org

58 Vgl. Gabriele Kammerer, Aktion Sühnezeichen Friedensdienste, Berlin 2008, S. 15.

59 Ebd., S. 12.

60 Ebd., S. 14.

61 Anton Legerer, Tatort: Versöhnung, Leipzig 2011, S. 209f.

62 HaZikaron Street, Tel.: 02-6321515, URL: www.herzl.org.il

63 HaZikaron Street, Tel.: 02-6443400, URL: www.yadvashem.org

64 Ruppin Boulevard 11, URL: www.imj.org.il/en

65 James Rothschild Street, Tel.: 02-675 3333.

66 Kalman Street 1, Tel.: 02-6776271, URL: www.hadassah.org.il/en/the_chagall_windows

67 Restaurant Karma, Ein Kerem Street 74, Tel.: 02-6436643.

68 Ma'alot Ir David Street, Tel.: 02-6268700, URL:

www.cityofdavid.org.il/en/archeology/excavations

[69] Achad Ha'am Street 9, Tel.: 03-517-0991/-5100337.

[70] Shabazi Street 9, URL: www.suzana.rest.co.il

[71] Zora del Buono, Die Weiße Stadt Heute, mare 134, Hamburg 2019, S. 71.

[72] Nitza Metzger-Szmuk, Dwelling on the Dunes. Tel Aviv Modern Movements and Bauhaus Ideals, Tel Aviv 2004.

[73] Stefan Boness, Tel Aviv. The White City, Berlin 2019, S. 11.

[74] Claro Restaurant, Ha'arbaa Street 23, Tel.: 03-601-7777, URL: www.clarotlv.com

[75] Sarona-Museum, Aluf Albert Mendlerstreet 1, URL: www.sarona4u.co.il

[76] Alex Carmel, Palästina-Chronik, Ulm 1978, S. 133.

[77] Hotel Drisco, Auerbach Street 6, URL: www.thedrisco.co.il

[78] Vgl. Alex Carmel, Die Siedlungen der württembergischen Templer 1868–1918, Stuttgart 2000, S. 77.

[79] Das Museum am Rothschild-Boulevard 16 wird zurzeit renoviert. Seine Wiedereröffnung ist für 2023 geplant.

[80] David Ben Gurion, Israel. Der Staatsgründer erinnert sich, Frankfurt 1998, S. 55ff.

[81] Michael Wolffsohn, Israel. Geschichte, Politik, Gesellschaft, Wirtschaft, Wiesbaden 2007, S. 263.

[82] Michael Krupp, Zionismus und Staat Israel, Gütersloh 1992, S. 144.

[83] Lore Hartmann-v. Monakow, Wege in die Zerstreuung, Zürich 1981, S. 1.

[84] Klauzner Street 15, Tel.: 03-7457808, URL: www.anumuseum.org.il

[85] Gil Yaron, Jerusalem. Ein historisch-politischer Stadtführer, München 2007, S. 47.

[86] Fritz Wolf in „Die Nahariyade" (Regie: David Witztum, Dokumentarrecherche und Produktionsleiterin: Nurit Carmel, Israel 2002).

[87] Jeckes-Begriff für das ideelle und materielle Gepäck, das aus Europa mitgebracht worden war.

[88] „Die Nahariyade" (Regie: David Witztum, Israel 2002).

[89] Vgl. Andreas Meyer/Ari Ron, Die Jeckes, Israel 2010.

[90] Eine vollständige Sammlung des „Mitteilungsblatts" befindet sich in der Bibliothek des Moses-Mendelssohn-Zentrums in Potsdam.

[91] Nurit Carmel, Sabre-Deutsch. Das Lexikon der Jeckes, Tel Aviv 2012.

[92] Jörg Armbruster, Willkommen im Gelobten Land? Deutschstämmige Juden in Israel, Hamburg 2016, S. 212f.

[93] Michael Bar-Zohar, David Ben Gurion. 40 Jahre Israel. Die Biographie des Staatsgründers, Bergisch-Gladbach 1988.

[94] Shaul HaMelech Boulevard 27.

[95] Tarsat Boulevard 2, Tel.: 03-6295555, URL: www.habima.co.il

[96] Tarsat Boulevard 6, Tel.: 03-528-7196.

[97] Huberman Street 1, Tel.: 03-5430777, URL: www.hatarbut.co.il

[98] Olei Zion Street und Nebenstraßen.

[99] Kedumim Square, Mifrats Shlomo 1, Tel.: 03-6822871, URL: www.cicts.org/en/catholic-masses-outside-jerusalem

[100] Haim Levanon Street 2, URL: https://museums.gov.il/en/museums/pages/eretz-israel.aspx

[101] Yefe Nof Street 61, Tel.: 04-8313131.

[102] Alex Carmel, Die Siedlungen der württembergischen Siedler in Palästina, Stuttgart 2000, S. 27.

[103] Alex Carmel, Die Siedlungen der württembergischen Siedler in Palästina, Stuttgart 2000, S. 28f.

[104] Vgl. Alex Carmel, Die Siedlungen der württembergischen Siedler in Palästina, S. 33.

[105] Ebd., S. 75.

[106] Alex Carmel / Ejal Jakob Eisler, Der Kaiser reist ins Heilige Land. Die Palästinareise Wilhelms II., Stuttgart 1999, S. 58.

[107] Alex Carmel / Ejal Jakob Eisler, Der Kaiser reist ins Heilige Land. Die Palästinareise Wilhelms II., S. 72.

108 Simon Sebag Montefiore, Jerusalem – Die Biographie, Frankfurt am Main 2011, S. 533f.

109 Ebd., S. 531.

110 Keller Street 2, Tel.: 04-8240111/-8107370.

111 Klaus Hillenbrand, Der Ausgetauschte, Frankfurt am Main 2011.

112 carmel@german-heritage-holy-land.com

113 Ben Shemen Street, URL: www.madatech.org.il

114 Arlozorov Street 23, URL: www.shm.org.il

115 Beit HaGefen, HaGefen Street 2, URL: www.beit-hagefen.com

116 Clore Library, Sderot HaZiyonut 35, Tel.: 04-8512444.

117 URL: www.visit-haifa.org/eng/Haifa_Street_Food_Tours

118 URL: www.haifahag.com

119 Allenby Road 230, Tel.: 04-8527430

120 Yefe Nof Street 61, Tel.: 04-8313131, URL: www.ganbahai.org.il

121 HaHaganah Street 65, Tel.: 04-8536249, URL: www.visit-haifa.org

122 Aba Hushi Avenue 199, Tel.: 04-8257773/-8240308, URL: https://museums.gov.il/en/museums/Pages/hecht .aspx

123 Kibbuz HaZorea, Tel.: 04-9899566, URL: www.wilfrid.org.il/en

124 Wikipedia: Art. Wilfrid Israel, URL: https://de.wikipedia.org/wiki/Wilfrid_Israel

125 Vgl. Joachim Schlör, Endlich im Gelobten Land? Deutsche Juden unterwegs in eine neue Heimat, Berlin 2003, S. 161.

126 Ebd., S. 159.

127 HaGa'aton Boulevard 31, Tel.: 04-992-8855, URL: www.penguin-rest.co.il

128 Jörg Armbruster, Willkommen im Gelobten Land?, S. 223f.

129 Jörg Armbruster, Willkommen im Gelobten Land?, S. 89f.

130 Steffi Hentschke, Die letzten Erinnerungen an Deutschland, URL: https://www.zeit.de/kultur/2020-09/jeckes-museum-schliessung-holocaust-erinnerung-judentum-nazi-deutschland [03.09.2020]. Inzwischen zeichnet sich ab, dass das „Jeckes-Museum" in die Sammlungen des Hecht-Museums der Universität Haifa integriert werden soll.

131 Joachim Schlör, Endlich im Gelobten Land? Deutsche Juden unterwegs in eine neue Heimat, Berlin 2003, S. 162–167.

132 Gedud 21 Street, Tel.: 04-9821516, E-Mail: nahariyamuseums@gmail.com

133 Shavei Zion liegt an der Nationalstraße 4, drei Kilometer südlich von Nahariya.

134 Karl Goller, Israel, Schaffhausen 1981, S. 131.

135 Jörg Armbruster, Willkommen im Gelobten Land?, S. 41.

136 Moshe Dayan, Die Geschichte meines Lebens, Wien/München/Zürich 1976, S. 35.

137 Führungen: Tel.: 04-9844052/ 054-5641508, E-Mail: shaveizionarchives@gmail.com

138 Der Kibbuz Lochamej HaGeta'ot liegt an der Nationalstraße 4, vier Kilometer südlich von Nahariya.

139 Tel.: 04-9958080, URL: www.gfh.org.il/eng

140 Moshe Sharon, Palästina unter den Mamluken und Osmanen, in: Avi-Yonah, Michael (Hg.), Geschichte des Heiligen Landes, Wiesbaden 1975, S. 283.

141 Vgl. Leo Trepp / Günter Mayer, Geschichte des nachbiblischen Judentums in Grundzügen, in: Günter Mayer [u. a.] (Hgg.), Judentum, Stuttgart 1994, S. 47.

142 Abuhav Alley, Old City, Tel.: 05-411-5127.

143 Hans Jonas, Der Gottesbegriff nach Auschwitz. Eine jüdische Stimme, Frankfurt am Main 1987, S. 41.

144 Hospiz Tabgha, URL: http://www.dormitio.net/tabgha/tbg.zugast/index.html

145 Stanislao Loffreda, Kapernaum, Jerusalem 1994, S. 11.

146 Ebd., S. 49.

147 Ebd., S. 63.

148 Al Bishara Street 12, Tel.: 04-656-0001.

149 Church-Square, Tel.: 04-657-6437.

150 Jerusalem, Sultan Suleiman Street 27, Tel.: 02-6282251, URL: https://www.imj.org.il/en/wings/archaeology/rockefeller-archaeological-museum

151 Vom Ende der HaGalil Street führt ein kurzer Fußweg zur Grabstätte.

152 Eliezer Kaplan Boulevard, Tel.: 04-6712950.

153 Vgl. Hans-Peter Stähli, Antike Synagogenkunst, Stuttgart 1988, S. 62.

154 Derech HaMerchazaot 1, Tel.: 04-6123600, URL: www.igm.org.il

155 Beide Kibbuzim liegen am Ostufer des Sees an der Nationalstraße 92.

156 URL: www.eingev.co.il

157 URL: www.maagan.co.il

158 Friedrich Gleiss, Von der Gottesmordlüge zum Völkermord. Von der Feindschaft zur Versöhnung, Horb 1995, S. 16.

159 Rendtorff, Rolf / Henrix, Hans Hermann (Hgg.), Die Kirchen und das Judentum, Dokumente von 1945–1985, München 1989, S. 545.

160 Kock, Manfred (Hg.), Christen und Juden I–III. Die Studien der Evangelischen Kirche in Deutschland 1975–2000, S. 56.

161 Rendtorff, Rolf / Henrix Hans Hermann (Hgg.), Die Kirchen und das Judentum, S. 42.

162 Ebd. S. 595.

163 Evangelische Kirche in Deutschland (Hg.), Berichte über die Tagungen der Synode der EKD. Bd. 76, Hannover 2017, S. 160.

164 Stephan Reimers, Ein Gott für jeden oder für keinen, S. 160.

165 Vgl. ebd., S. 13.

166 Schalom Ben-Chorin, Ich lebe in Jerusalem, München 1988, S. 17.

167 Ebd., S. 123.

168 Vgl. Rainer Stuhlmann, Wir weigern uns, Feinde zu sein. Hoffnungsgeschichten aus einem zerrissenen Land, Neukirchen 2020, S. 123-140

169 URL.: www.nesammim.de

170 Schalom Ben-Chorin, ebd., S. 229.

Literaturverzeichnis

Armbruster, Jörg, Willkommen im Gelobten Land? Deutschstämmige Juden in Israel, Hamburg 2016.

Bar-Zohar, Michael, David Ben-Gurion. 40 Jahre Israel. Die Biographie des Staatsgründers, Bergisch-Gladbach 1988.

Ben-Chorin, Schalom, Ich lebe in Jerusalem, München 1988.

Ders., Zwiesprache mit Martin Buber, Gerlingen 1978.

Ben-Gurion, David, Israel. Der Staatsgründer erinnert sich, Frankfurt am Main, 1998.

Bremer, Jörg / Eisler, Jakob / Heldt, Petra, Jerusalem und der Johanniterorden, Jerusalem 2012.

Boness, Stefan, Tel Aviv. The White City, Berlin 2019.

Buber, Martin, Politische Schriften, Frankfurt am Main 2010.

Carmel, Alex, Palästina-Chronik. 1853–1882, Ulm 1978.

Ders., Christen als Pioniere im Heiligen Land, Basel 1981.

Ders., Der Missionar Theodor Fliedner als Pionier Deutscher Palästina-Arbeit, in: W. Grab (Hg.), Jahrbuch des Instituts für Deutsche Geschichte 14, Tel Aviv 1985, S. 191–220.

Ders., Der Orientmaler Gustav Bauernfeind 1848–1904, Stuttgart 1990.

Ders. / Eisler, Ejal Jakob, Der Kaiser reist ins Heilige Land. Die Palästinareise Wilhems II., Stuttgart 1999.

Ders., Die Siedlungen der württembergischen Templer in Palästina, Stuttgart 2000.

Ders., Der christliche Beitrag zum Wiederaufbau Palästinas, in: A. Nothnagle (Hg.), Festschrift zum 150jährigen Jubiläum von Talitha Kumi und des Jerusalemvereins, Leipzig 2001, S.17–30.

Carmel, Nurit, Sabre-Deutsch. Das Lexikon der Jeckes, Tel Aviv 2012.

Dayan, Moshe, Die Geschichte meines Lebens, Wien/München/Zürich 1976.

Del Buono, Zora, Die Weiße Stadt Heute, in: mare 134, Hamburg 2019, S. 64–71.

Eisler, Jakob, Der deutsche Beitrag zum Aufstieg Jaffas 1850–1914, Wiesbaden 1997.

Ders., Deutsche Kolonisten im Heiligen Land, Stuttgart 2001.

Evangelische Kirche in Deutschland (Hg.), Berichte über die Tagungen der Synode der EKD. Bd. 76, Hannover 2017.

Flavius Josephus, Geschichte des Jüdischen Krieges. Herausgegeben und übersetzt von H. Clementz, Wiesbaden 1977.

Flusser, David, Jesus, Hamburg 1987.

Frutiger, Hans / Eisler, Jakob, Johannes Frutiger. Ein Schweizer Bankier in Jerusalem, Köln / Wien 2008.

Gleiss, Friedrich, Von der Gottesmordlüge zum Völkermord, Horb 1995.

Goller, Karl, Israel. Seine Geschichte, seine geographische, politische, religiöse, wirtschaftliche und soziale Struktur, Berlin 1981.

Hartmann-von Mandelkow, Lore, Wege in die Zerstreuung, Zürich 1981.

Hentschke, Steffi, Die letzten Erinnerungen an Deutschland, URL: https://www.zeit.de/kultur/2020-09/jeckes-museum-schliessung-holocaust-erinnerung-judentum-nazi-

deutschland [03.09.2020].
Hillenbrand, Klaus, Der Ausgetauschte, Frankfurt am Main 2011.
Homolka, Walter, Der Jude Jesus. Eine Heimholung, Freiburg 2020.
Jonas, Hans, Der Gottesbegriff nach Auschwitz. Eine jüdische Stimme, Frankfurt am Main 1987.
Kammerer, Gabriele, Aktion Sühnezeichen Friedensdienste. Aber man kann es einfach tun, Berlin 2008.
Kock, Manfred (Hg.), Christen und Juden I–III. Die Studien der Evangelischen Kirche in Deutschland 1975–2000, Gütersloh 2002.
Krupp, Michael, Zionismus und Staat Israel, Gütersloh 1992.
Ders., Der Talmud. Eine Einführung in die Grundschrift des Judentums, Gütersloh 1995.
Küchler, Max, Jerusalem. Ein Handbuch und Studienreiseführer zur Heiligen Stadt, Stuttgart 2007.
Lapide, Pinchas, Jesus. Ein gekreuzigter Pharisäer?, Gütersloh 1990.
Legerer, Anton, Tatort: Versöhnung. Aktion Sühnezeichen in der BRD und in der DDR und Gedenkdienst in Österreich, Leipzig 2011.
Lehmann, Klaus-Peter, Ganz Israel wird gerettet werden. Wege und Irrwege zum Reich Gottes und im Verhältnis zum Judentum, Norderstedt 2020.
Loffreda, Stanislao, Kapernaum, Jerusalem 1994.
Meyer, Andreas/ Ron Ari, Die Jeckes, Israel 2010.
Metzger-Szmuk, Nitza, Dwelling on the Dunes. Tel Aviv Modern Movements and Bauhaus Ideals, Tel Aviv 2004.
Montefiore, Simon Sebag, Jerusalem. Die Biographie, Frankfurt am Main 2011.
Otto, Eckart, Jerusalem. Die Geschichte der Heiligen Stadt, Stuttgart 1980.
Oz, Amos, Eine Geschichte von Liebe und Finsternis, Frankfurt am Main 2004.
Perry, Yaron, Juden-Mission. Die Arbeit der „London Society for Promoting Christianity Amongst the Jews“ im 19. Jahrhundert in Palästina, Basel 2006.
Reimers, Stephan, Ein Gott für jeden oder für keinen, Berlin 2013.
Rendtorff, Rolf / Henrix, Hans Hermann (Hgg.), Die Kirchen und das Judentum. Dokumente von 1945–85, Paderborn 1989.
Rößler, Georg, Auf dem Weg nach Jerusalem. Ein Begleiter für die Pilgerwanderung in die Heilige Stadt, Berlin 2017.
Runciman, Steven, Der erste Kreuzzug, München 1981.
Schlör, Joachim, Endlich im Gelobten Land? Deutsche Juden unterwegs in eine neue Heimat, Berlin 2003.
Scholem, Gershom, Judaica 2, Frankfurt am Main 1995.
Ders., Von Berlin nach Jerusalem, Frankfurt am Main 1995.
Paris 1927, in: E. Wizisla (Hg.), Begegnungen mit Benjamin, Leipzig 2015, S. 151–165.
Segev, Tom, Es war einmal ein Palästina. Juden und Araber vor der Staatsgründung Israels, München 2005.
Sharon, Moshe, Palästina unter den Mamluken und Osmanen, in: Avi Yonah, Michael (Hg.), Geschichte des Heiligen Landes, Wiesbaden 1975, S. 257–304.
Sparr, Thomas, Grunewald im Orient. Das deutsch-jüdische Jerusalem, Berlin 2018.
Stähli, Hans-Peter, Antike Synagogenkunst, Stuttgart 1988.
Stuhlmann, Rainer, Wir weigern uns, Feinde zu sei. Hoffnungsgeschichten aus einem zerrissenen Land, Neukirchen 2020
Tergit, Gabriele, Im Schnellzug nach Haifa, Berlin 1996.
Trepp, Leo / Mayer, Günter, Geschichte des nachbiblischen Judentums in Grundzügen, in: G. Mayer [u. a.] (Hgg.), Judentum, Stuttgart 1994, S. 17–67.
Yaron, Gil, Jerusalem. Ein historisch-

politscher Stadtführer, München 2007.
Wizisla, Erdmut (Hg.), Begegnungen mit Benjamin, Leipzig 2015.
Wolffsohn, Michael, Israel. Geschichte, Politik, Gesellschaft, Wirtschaft, Wiesbaden 2007.

Bildnachweis

Cover:
o.l. wikimedia commons: EdoM (Blick auf die vergoldete Kuppel des Bahai-Schreins, das Wahrzeichen Haifas)
o.r. huber images, Garmisch-Partenkirchen (Felsendom auf dem Tempelberg mit Ölberg)
u.l. wikimedia commons (View of mount of Betitude)
u.r. wikimedia commons (Hotel Cinema)

Innenabbildungen:
beitbenyehuda.org: Seite 72
Ben-Sason, Avi, Givat Ela/ Israel: S. 140, 145o, 168
Bundesregierung / Jesco Denzel: S. 77
Carmel, Nurit, Givat Ela/ Israel: S.145u, 149
Eisler, Jakob, Stuttgart: S. 138
Eitan, Yaron & Noga, Haifa, Israel: S. 116, 117, 157 (Ari Ron)
Flusser, Johannan, Jerusalem, Israel (private Collection): S. 62
Landeskirchliches Archiv, Stuttgart: S. 54, 56
Library of Congress: 113o.
Picture Alliance, Frankfurt/Main: S. 32, 96/97, 103, 176, 183
Picture Alliance, Frankfurt/Main / © VG Bild-Kunst, Bonn 2022: S. 91
The Alex Carmel collection: S. 15, 58/9, 134
Werbeanzeigen aus dem „Mitteilungsblatt“: S. 112o.+u., 119 (Eine vollständige Sammlung des „Mitteilungsblatts“ befindet sich in der Bibliothek des Moses-Mendelssohn-Zentrums in Potsdam)
wikimedia commons: S. 24/25 (FOTLbill), 27 (Berthold Werner), 28 (Ranbar), 35 (Bahnfrend), 38 (Martin Furtschegger), 41 (DiggerDina), 45o. (Son of DMY), 45u., 47, 51, 64, 65, 67, 69, 83, 85, 87, 89 (Berthold Werner), 90 (proesi), 93 (Bahnfrend), 94, 100, 110o. (Ramessos), 110u. (Sodabottle), 113u. (Matanya), 115 (Deror Avi), 125 (Benjamín Núñez González), 126, 127 (Martin Furtschegger), 129 (Giladtop), 130 (Carole Raddato), 132 (EdoM), 152 (Bukvoed), 153 (Hanay), 154 (Ophirbaer), 163, 164, 169 (Dr. Avishai Teicher), 171 (mfa), 172 (Roy Lindman), 177 (Carole Raddato), 180 (Berthold Werner), 181 (israeltourism), 185 (Grauesel), 186 (Deror Avi), 188, 197 (Harald Bischoff)

Impressum

Bibliografische Information der Deutschen Nationalbibliothek
Die Deutsche Nationalbibliothek verzeichnet diese Publikation in der Deutschen Nationalbibliografie; detaillierte bibliografische Daten sind im Internet über http://dnb.d-nb.de abrufbar.

ISBN 978-3-8319-0807-3

Text und Bildlegenden:
Dr. Nurit Carmel, Givat Ela/Israel
Dr. Stephan Reimers, Hamburg
Gestaltung:
BrücknerAping, Büro für Gestaltung, Bremen
Gesamtherstellung:
CPI books GmbH, Leck

www.ellert-richter.de
www.facebook.com/EllertRichterVerlag